LE
PROBLÈME JURIDIQUE
DE LA
PERSONNALITÉ MORALE

ET SON APPLICATION

AUX SOCIÉTÉS CIVILES & COMMERCIALES

PAR

Démètre NÉGULESCO

LICENCIÉ ÈS-SCIENCES

DOCTEUR EN DROIT

PARIS
LIBRAIRIE NOUVELLE DE DROIT ET DE JURISPRUDENCE
ARTHUR ROUSSEAU
ÉDITEUR
14, Rue Soufflot et Rue Toullier, 13

1900

LE PROBLÈME JURIDIQUE

DE LA

PERSONNALITÉ MORALE

LE
PROBLÈME JURIDIQUE
DE LA
PERSONNALITÉ MORALE
ET SON APPLICATION

AUX SOCIÉTÉS CIVILES & COMMERCIALES

PAR

Démètre NÉGULESCO

LICENCIÉ ÈS - SCIENCES

DOCTEUR EN DROIT

PARIS
LIBRAIRIE NOUVELLE DE DROIT ET DE JURISPRUDENCE
ARTHUR ROUSSEAU
ÉDITEUR
14, Rue Soufflot et Rue Toullier, 13

1900

A ma Mère,

A mes Frères.

LE PROBLÈME JURIDIQUE
DE
LA PERSONNALITÉ MORALE
ET SON APPLICATION
Aux Sociétés Civiles et Commerciales

AVANT-PROPOS

La théorie de la personnalité civile, morale ou juridique (1), a reçu dans le droit moderne de multiples et importantes applications. L'une, qui se détache entre toutes, est relative aux sociétés. Grâce aux relations commerciales de plus en plus fréquentes, le commerce et l'industrie ont pris aujourd'hui un immense développement. Des sociétés nombreuses, aux capitaux considérables, se forment en vue de toutes sortes de spéculations et étendent la sphère de leur activité non seulement dans leur pays d'origine mais au loin dans les pays étrangers. Etudier le sens exact

---

(1) L'expression de *personne civile* est la seule qui se trouve dans quelques rares textes (loi du 5 avril 1884, art. 3 ; loi du 28 avril 1893, art. 71 ; loi du 14 avril 1893, art. 8 ; loi du 21 avril 1898, art. 2). — Dans la doctrine on emploie indistinctement les trois expressions, sauf les restrictions de quelques auteurs.

et la portée juridique de la personnalité morale, en faire une application aux sociétés civiles et commerciales, rechercher les conséquences qui en découlent, faire un exposé aussi complet que possible des théories émises sur cette difficile et importante matière, tel est le but du travail que nous nous sommes proposé et que nous n'aurions jamais mené à bonne fin sans les travaux des auteurs éminents qui nous ont servi de guide. Si donc nous sommes assez heureux pour jeter un peu de lumière sur quelques-uns des points obscurs, qui abondent en cette matière, c'est à eux et non pas à nous que reviendra le principal mérite. Des difficultés très grandes surgissent en effet à chaque pas dans l'étude que nous avons entreprise : « la théorie des personnes civiles, morales ou juridiques, dit M. Beudant, est encore à faire. Aucune loi n'en a formulé les principes ; elle n'a jamais été érigée véritablement en corps de doctrine ; quelques textes épars relatifs à telle ou telle personne civile, quelques décisions de doctrine ou de jurisprudence sur des points spéciaux, à cela se réduit les notions qui ont cours à ce sujet (1). »

Nous envisagerons notre sujet surtout au point de vue critique, nous réservant de faire intervenir le point de vue historique sur les questions les plus controversées.

---

(1) Dalloz, 1879, t. 5.

Pour apprécier en effet la juste valeur du caractère et de la portée d'une règle juridique, il faut connaître préalablement les circonstances matérielles dont cette règle a fini par se dégager : « Le droit est avant tout une science d'observation, on ne voit pas pourquoi il échapperait à l'empire de la méthode qui domine de plus en plus la science de notre siècle, pourquoi il pourrait se passer, plus que la morale ou la psychologie, de l'examen attentif et minutieux des faits (1) ». Il est donc utile et même indispensable au jurisconsulte de suivre pas à pas les développements successifs de la notion juridique de la personnalité morale ; eux seuls lui feront connaître son but véritable et sa raison d'être. Il découvrira en effet les nécessités pratiques qui ont présidé à sa naissance ; il se rendra compte des obstacles qu'elle a dû continuellement surmonter. A travers tous ces changements il arrive à découvrir, comme dit M. Gide : « le principe essentiel et unique qui anime toutes ses parties et qui est comme la force vitale pour laquelle elle se développe et fonctionne (2). »

Peu de sujets ont exercé à ce point la sagacité des jurisconsultes, celle des Allemands surtout, et provoqué une pareille éclosion de systèmes. Nous pourrions être taxé de témérité si, en abordant ce sujet

---

(1) Vauthier, *Personnes morales*, Introduction VIII.
(2) Rapport de M. Gide sur le concours de 1860, p. 23.

où tout semble avoir été dit, nous prétendions nous écarter complètement des sentiers battus et grossir d'une théorie absolument neuve le nombre déjà respectable de celles qui ont vu le jour. Notre tâche sera plus modeste. Nos devanciers ont tracé la route, nous la suivrons mais en la déblayant, en élaguant tout ce que la science juridique si profonde et si ingénieuse offre parfois d'obscur ou de trop hypothétique.

POSITION DU PROBLÈME

L'homme, dit Aristote au début de sa *Politique*, est un être sociable; et en effet la société elle-même, qui est « une mutuelle détermination d'engagements ou de consentements, de droits et de devoirs » (1), résulte de l'instinct qui est dans l'homme d'agrandir sa puissance pour pouvoir satisfaire ses nécessités et ses désirs. C'est dans ce sens large et général que doit être comprise l'association, dans un sens qui embrasse toutes les variétés de groupements humains.

Dans la présente étude nous n'avons pas l'intention de nous occuper des sociétés dans ce sens large et général. Nous nous occuperons seulement de celles qui ont pour but commun et spécial la réalisation des bénéfices, tel que l'article 1832 du code civil nous en donne la définition. La société résulte en effet « d'un contrat par lequel deux ou plusieurs personnes conviennent de mettre quelque chose en commun *dans la vue de partager le bénéfice qui pourra*

---

(1) Tarde : Qu'est-ce qu'une société ? *Revue philosophique*, 1884, p. 488.

en résulter. (1) » Cette définition est la traduction presque littérale de celle que donnait Pothier, tant dans l'introduction au titre XI de la coutume d'Orléans que dans son Traité du contrat de société. Car la société résultait aussi d'« un contrat par lequel deux ou plusieurs personnes conviennent de mettre en commun un profit honnête dont elles s'obligent réciproquement de se rendre compte ». On voit par ces définitions qu'il s'agit seulement des sociétés qui ont pour but de partager les bénéfices qui résulteront de l'exploitation d'un fonds commun.

Ainsi définie et limitée, la société présente une grande analogie avec la communauté. Pothier cherche à les distinguer en disant que la communauté résulte d'un quasi-contrat, tandis que la société résulte d'un contrat. Cette affirmation reproduite par beaucoup d'auteurs n'est pas exacte. La communauté elle aussi peut résulter d'une convention : ainsi plusieurs personnes conviennent entre elles de prolonger l'état d'indivision ou d'acheter un bien en commun. Ce qui distingue la communauté de la société c'est le but que les parties se sont proposé. Si elles ont pour but de partager des bénéfices, dans ce cas il y a une société ; dans le cas contraire il y a une communauté (2).

---

(1) Art. 1832, cod. civ.
(2) Aubry et Rau, IV, p. 542, § 377.

Notre intention étant de prendre pour critérium de la société, telle qu'elle est définie par le code civil : « un effort en vue de réaliser des bénéfices », nous laisserons de côté beaucoup de sociétés qui n'ont pas un fonds commun à exploiter dans le but de partager les bénéfices qui pourront en résulter. C'est ainsi que les sociétés d'assurance mutuelle et les tontines ne sont pas de véritables sociétés.

Dans les sociétés d'assurance mutuelle, on se propose de partager entre les membres les dommages causés par des sinistres à un des associés, mais on n'a aucunement l'intention de réaliser des bénéfices (1).

Dans les tontines il est vrai que pour les membres survivants il y a un accroissement de capital produit par les décès des autres membres, mais, ce bénéfice ne résultant pas de l'exploitation d'un fonds commun, il ne peut y avoir de société d'après le sens du code civil (2).

C'est pour les mêmes raisons que nous ne nous occuperons pas des sociétés religieuses, littéraires, artistiques, scientifiques, agricoles ou industrielles dont les membres se proposent de fortifier la croyance chrétienne, d'encourager les lettres, les arts, les sciences etc., ou de faire prospérer l'agriculture et l'industrie.

---

(1) Civ. cass., 22 novembre 1852, Sirey 1853, I. 73.
(2) Req. cass. 5 juillet 1829, Sirey 1829, I, 315.

La notion de la société, telle que la conçoivent la loi civile et la loi commerciale, est plus restreinte qu'à Rome, où il y avait société non seulement quand il s'agissait de partager un bénéfice en argent mais aussi quand il s'agissait d'un avantage appréciable en argent. C'est ainsi qu'Ulpien (1) considère comme une société le cas de deux voisins qui élèvent un mur, à frais communs, afin que, chacun d'eux puisse appuyer sa construction sur ce mur, et celui de deux personnes qui achètent en commun un terrain afin de conserver chacun la vue libre dont jouissait leur maison (2).

En droit romain il y avait, dans ces cas, une société car l'action *pro socio* était donnée toutes les fois qu'il s'agissait d'une réunion entre plusieurs personnes qui, mues par un sentiment d'amitié, et dans l'intention de former une société *(affectus societatis)*, mettaient leurs biens en commun en vue d'avantages réciproques. Les Romains considéraient ainsi la société comme une communauté fraternelle : *Affectione societatis incidimus in communionem* (3) et *cum societas jus quodammodo fraternitatis in se habeat* (4).

Au contraire, au terme de l'article 1832 du code civil, il n'y a de société que lorsqu'on a en vue de

---

(1) Loi 52 § 13. D. *Pro Socio.*
(2) L. 52, § 13, D. *Pro Socio.*
(3) L. 31, D., *Pro socio.*
(4) L. 63, D., D. *Pro socio.*

partager en nature, entre les associés, une richesse ou une valeur nouvelle qui résultera de l'exploitation d'un fonds commun (1). Et il ne serait pas exact de considérer comme *bénéfices partageables* les avantages dont jouit séparément chaque propriétaire (2).

A côté de cette différence capitale, entre la société romaine et la société moderne, il y en a encore d'autres mais qui peuvent être regardées comme une conséquence de cette différence première. A Rome le but de la société était la jouissance directe, procurée aux associés, par l'établissement d'une copropriété, régie par les règles du droit commun. Les biens, qui composaient la masse sociale, n'étaient donc pas exclusi-

---

(1) « L'espoir de partager un bénéfice, disait Treilhard, dans son Exposé des motifs au Conseil d'État, est la vue intentionnelle qui dirige le Contrat de Société ». Locré, Législation, XIV, p. 490.

(2) Ainsi nous venons de voir que toute société proprement dite a pour but de réaliser des bénéfices. Cette opinion presque unanimement admise par les auteurs a été récemment combattue par M. Planiol. L'éminent professeur soutient (note dans Dalloz, 1895, 1. 220), que la recherche des bénéfices n'est pas essentielle à la société, que toute chose susceptible d'un usage licite peut en être l'objet pourvu qu'elle serve au profit commun des associés. Il invoque à l'appui de cette opinion : 1° la disposition de l'article 1841 du code civil qui admet la société particulière formée par la simple jouissance d'une chose en commun et 2° sur l'existence de la société universelle qui se limite souvent à la jouissance en commun des revenus et des salaires et où il peut n'exister aucune industrie, aucune entreprise, aucun commerce.

Nous répondrons, avec M. Baudry-Lacantinerie que l'usage peut être mis en commun dans un but de lucre et, qu'en raison des caractères essentiels que l'article 1832 reconnaît à la société, ce but est supposé par la loi.

vement réservés aux créanciers sociaux, car ces biens faisant partie du patrimoine de chaque associé servaient aussi de gage à leurs créanciers personnels ; ceux-ci pouvaient ainsi saisir et faire vendre les biens sociaux dans la mesure de la part de leur débiteur. Les droits réels établis par un associé étaient opposables aux autres, bien qu'ils fussent étrangers à la convention.

Le législateur français ne pouvait pas admettre une pareille situation : le but qu'il assignait à la société aurait été difficilement atteint : on ne peut en effet réaliser des bénéfices qu'en entrant en relation avec les tiers ; or, ces relations sont tellement difficiles quand on ne jouit pas de crédit que la société aurait été sûrement entravée dans sa marche vers le but social.

C'est en pensant à cette situation que le législateur a accordé aux créanciers sociaux un droit très fort sur l'actif social, à l'exclusion des créanciers personnels, au moins pendant la durée de la société.

Cette mesure, qui résulte de l'article 1860, a donc été inspirée pour faciliter à la société la réalisation de son but, mais il faut bien remarquer que la propriété du patrimoine social n'en reste pas moins sur la tête des divers membres qui la composent. De là plusieurs conséquences :

1° Les associés, en qualité de copropriétaires du fonds social, seront en même temps créanciers et débiteurs pour une part proportionnelle des dettes et des créances sociales. Les créanciers sociaux pourront, s'ils ne peuvent pas être payés sur les biens de la société, poursuivre chaque associé proportionnellement à sa part dans la dette commune.

2° Conformément à la règle *nul ne plaide par procureur* les actes de procédure doivent être faits au nom personnel de chaque associé sans aucune omission.

3° Le droit des associés est considéré comme mobilier ou immobilier suivant que la société a ou n'a pas d'immeubles.

Toutes ces conséquences produisent des difficultés inextricables pour les entreprises grandioses qui comptent des milliers de membres et où sont engagées des sommes considérables. Car qui oserait entrer dans de pareilles sociétés avec l'obligation d'être tenu personnellement à des dettes sociales proportionnellement à sa part? Cette situation, acceptable entre des associés inspirés de sentiments de confiance, serait, dans ce cas, pleine de continuels dangers.

Les règles de procédure sont aussi très difficiles à suivre dans ces sociétés : on aboutirait à des procès interminables et on risquerait toujours de ne terminer que partiellement les litiges.

Enfin le caractère immobilier que peut avoir le droit des associés rend très difficile sa transmission à cause de mesures sévères prises par le législateur pour la transmission des immeubles.

Toutes ces conséquences auraient empêché, comme nous venons de le voir, la formation de vastes sociétés commerciales.

Le législateur voulant donner au commerce national un grand développement a admis au profit des sociétés commerciales les effets suivants : le caractère mobilier du droit des membres, la représentation en justice par un gérant et la distinction entre le fonds social et le capital appartenant aux associés.

Ainsi on voit que, à côté des patrimoines de chaque associé, il y a un nouveau patrimoine, le patrimoine social qui sert de gage exclusif aux créanciers sociaux par préférence aux créanciers personnels des associés.

Une des questions les plus délicates et les plus épineuses est celle de savoir à qui appartient ce nouveau patrimoine ? D'éminents jurisconsultes ont soutenu qu'au-dessus des associés il y avait une nouvelle personne, une personne idéale, abstraite, et que nous appelons aujourd'hui une personne morale, civile ou juridique.

Dans les dernières années, la fiction de la personnalité a été attaquée avec beaucoup de vigueur par plusieurs jurisconsultes (1) :

« Dans une société, dit M. Vareilles-Sommières, il

---

(1) Voyez *infra*, chapitre I.

n'y a rien autre chose que les associés, il suffit d'ouvrir les yeux pour le voir (1). »

C'est ce qu'exprime aussi M. Van den Heuvel : « La fiction de la personnalité civile nous apparaît comme un legs malheureux de la subtibilité romaine. La fiction et la légende vont de pair ; elles ne conviennent qu'à des peuples enfants. Nous dirons en empruntant le style de Comte qu'elles appartiennent à la première étape de l'évolution humanitaire (2). »

Ces auteurs considèrent ainsi comme inutile la fiction de la personnalité car les titulaires du patrimoine social sont les associés. D'autres vont encore plus loin, considérant qu'il peut y avoir un patrimoine sans maître. C'est ce qu'exprime M. Planiol dans son récent *Traité élémentaire de droit civil* : « Sous le nom de personnes civiles il faut entendre l'existence de biens collectifs à l'état de masses distinctes, soustraites au régime de la propriété individuelle (3). »

Nous ne saurions nous rallier à ces deux dernières opinions. Nous croyons que le patrimoine des sociétés commerciales appartient à une nouvelle personne, à une personne morale, qui n'est pas comme on le soutient une création purement abstraite car elle a,

---

(1) Vareilles-Somières, *Du contrat d'association*, p. 35.
(2) Van den Heuvel, *Associations sans but lucratif*, p. 34.
(3) Planiol : *Traité élémentaire de droit civil*, I, 1900, n. 675, p. 262 ; et note sous Paris, 3 juin, 1893. Dalloz, 1893. 2. 513.

comme nous aurons l'occasion de le montrer, un élément de la réalité sociale.

Dans la section première du premier chapitre nous allons voir comment et par quelle évolution d'idées on est arrivé à la conception de la personnalité morale telle que nous la concevons aujourd'hui. Conception qui a été le triomphe des jurisconsultes au commencement de ce siècle mais qui aujourd'hui est attaquée dans son existence par des ouvrages remarquables tant en France qu'en Allemagne.

Dans la deuxième section du premier chapitre nous nous proposons d'examiner une des plus complexes et intéressantes questions que présente la science du droit : celle de connaître la nature juridique des personnes morales, de savoir s'il s'agit d'une entité sociale, manifestation spontanée, indépendante de toute intervention ; ou, s'il s'agit, au contraire, d'une nature contingente ou arbitraire, œuvre du législateur qui intervient toujours pour lui accorder son existence et qui peut la lui retirer à titre de mesure administrative. Après un exposé des principales théories qui ont été émises, nous arriverons à conclure que la volonté du législateur est nécessaire à la naissance d'une personne morale.

Dans le deuxième chapitre nous montrerons que les sociétés commerciales, à la différence des sociétés civiles, sont revêtues de la personnalité morale, car telle a été la volonté du législateur. Nous verrons que si cette volonté n'est pas expressément formulée, elle résulte cependant d'une manière implicite de plusieurs dispositions de la loi civile et de la situation des sociétés de commerce dans l'ancien droit. Le législateur ne s'étant pas prononcé sur la question de principe, il en résulte qu'il a voulu conserver les mêmes règles qu'on suivait autrefois.

Le troisième chapitre nous servira à démontrer la nécessité du principe de la personnalité en faveur des sociétés commerciales, car avec les simples éléments qui constituent le contrat de société il est impossible d'expliquer les principaux effets attribués aux sociétés commerciales, sauf à la société en participation : séparation du patrimoine social d'avec le patrimoine propre de chaque associé ; la nature mobilière du droit des associés, même quand la société possède des immeubles, et aussi le droit de la société d'avoir un domicile et de pouvoir être représentée en justice.

Enfin dans le dernier chapitre nous examinerons si les personnes morales peuvent être mises sur un pied d'égalité avec les personnes physiques. Cette question présente un très grand intérêt au point de vue de leur capacité et de leurs rapports internationaux.

CHAPITRE PREMIER

PROBLÈME JURIDIQUE DE LA PERSONNALITÉ MORALE

Section Ire.

NOTIONS HISTORIQUES SUR LA PERSONNALITÉ MORALE

A côté des personnes physiques qui, d'après l'expression de M. de Savigny, « proclament leur titre à la capacité du droit (1) », les législateurs ont conçu des individualités idéales ou incorporelles, connues sous le nom de personnes morales, civiles ou juridiques et qui représentent soit la concentration des intérêts collectifs, soit la personnification d'un but d'une utilité générale et permanente.

La conception de la personnalité juridique est très ancienne. Elle apparaît à l'origine de la société romaine. L'individu n'est quelque chose par lui-même, en tant que personne, que s'il fait partie de la famille, pure abstraction juridique. Tout ceci a été

---

(1) Savigny : *Traité de droit romain* (trad. Guenoux), t. 2, p. 276. Voyez Aubry et Rau, *Droit civil*, 4e éd., I, p. 179.

parfaitement démontré dans le remarquable ouvrage de M. Fustel de Coulanges sur la *Cité antique :* « La famille a une existence permanente et continue et sa perpétuité lui est assurée soit par le mariage soit par la loi qui créa en sa faveur l'adoption et l'adrogation. C'est elle seulement qui est capable des droits et des obligations car ses membres ne peuvent en avoir que par elle. Le droit le plus sacré, la propriété, n'est pas un droit individuel, mais un droit familial, les formalités si minutieuses des aliénations entre vifs et les rigueurs inextricables des dispositions testamentaires le prouvent jusqu'à l'évidence. A la mort du père de famille il n'y avait pas de mutation de propriété. Il y avait simplement continuation, *morte parentis continuatur dominium.* La langue juridique romaine l'appelait *heres suus*, comme si l'on disait *heres sui ipsius*, car il n'héritait en réalité que de lui-même » (1).

Plus tard, d'autres personnes morales se formèrent : la *gens*, la curie, la tribu, ensuite la cité la plus vaste des personnes morales, confédération des autres personnes morales antérieurement existantes et qu'elle laisse subsister dans son sein. Enfin apparurent les corps de prêtres, les *sodalitates* ou associations amicales, les *collegia* ou corps de métiers et d'une manière générale les *universitates* (2), *quibus permissum est*

---

(1) Fustel de Coulanges : *La Cité antique*, liv. II, ch. VII.

(2) Ainsi la personnalité juridique n'est pas une création moderne, car, comme nous venons de le voir, les Romains l'ont con-

corpus habere : et quarum proprium est, ad exemplum reipublicae, habere res communes, arcam communem et actorem sive sindicum (1). » Ce fragment emprunté au jurisconsulte Gaïus nous présente le sens précis et le caractère de la personnalité juridique. « Ils n'ont conçu la personnalité morale collective, dit M. Saleilles, que sous une forme unique, reproduite de la *civitas romana* elle-même et se reflétant, comme un moule uniforme, dans les plus minces collèges d'artisans de la dernière époque. En dehors de ce moule dont l'élément capital était la concentration autour d'une divinité ou d'un culte quelconque, culte du fondateur ou de l'empereur, peu importe, les Romains sont incapables d'admettre de véritables personnes morales, nous en avons une preuve dans l'hérédité jacente et les incertitudes dont elle fut l'objet ; et encore ne fut-elle à ce rang de personne juridique qu'à la faveur d'une fiction en vertu de laquelle on lui supposait un propriétaire réel, ou plutôt, ce qui doit être bien plus près de la vérité historique, grâce à la notion du culte privé qui per-

---

nue et en ont fait de nombreuses applications : ils ont personnifié les municipes, les collèges, les corporations à la façon dont ils personnifiaient leurs dieux : « il leur fallait bon gré mal gré supposer un être réel existant dans la sphère du monde idéal et qui fût à la fois l'objet du culte et le sujet de tous les droits se rattachant à la petite communauté. » Saleilles : Le domaine public à Rome et son application en matière artistique, *Nouvelle revue historique*, 1888, p. 559.

(1) Loi 1re D. *quod cujuscunque universitatis*. 3, 4.

mettait de rattacher à un être du monde supérieur l'ensemble des droits réunis dans la personne du défunt (1). »

La personnalité morale, telle qu'elle était conçue par le droit romain, sombra, sans doute, en partie, au contact de l'invasion barbare. Mais il y a toujours des conceptions juridiques tellement enracinées dans l'esprit des individus, qu'elles subsistent encore après de grands troubles produits dans la vie sociale et juridique d'un peuple. C'est ainsi que la notion de la personnalité subsista encore pour les monastères et les cités.

Les établissements religieux sont, à l'époque barbare, les personnes morales les plus puissantes. C'est le pouvoir royal qui intervenait pour protéger leur existence. Nous en retrouvons la preuve dans une formule de Marculphe qui parle de l'autorisation royale pour la fondation d'un monastère ; mais cette autorisation avait perdu le caractère qu'elle aurait eu en droit romain, elle n'avait d'autre but que de menacer les envahisseurs des établissements religieux et de constituer ainsi une garantie pour la communauté religieuse. Le roi était devenu le protecteur de l'Eglise en échange du puissant appui moral qu'elle lui prêtait.

---

(1) Saleilles : Le domaine public à Rome et son application en matière artistique dans la *Nouvelle revue historique*, 1888, p. 559.
— Voyez aussi Vauthier : *Personnes morales*, p. 12.

C'est à la renaissance du droit romain que la personnalité morale doit sa réapparition. Sous Philippe Ier et ses successeurs, les communes, tantôt par la violence tantôt par la bonne volonté du seigneur, acquirent leur indépendance politique. On voit aussi apparaître les corporations et les universités qui constituent de puissantes personnes morales (1).

Le pouvoir royal devint plus fort à l'époque monarchique, et la royauté trouve dans les principes du droit romain un appui pour justifier les droits qu'elle s'arroge. L'ordonnance d'Orléans de 1560, l'édit de novembre 1629 et la déclaration de juin 1659 exigent des lettres patentes et l'homologation du Parlement pour la création d'une personne morale d'un intérêt permanent et d'une utilité générale. L'édit d'août 1749 renouvelle les prohibitions de l'Hôpital, de Louis XIII et de Louis XIV, mais il va encore plus loin car la personne morale ne peut acquérir ou aliéner qu'avec l'autorisation du pouvoir suprême.

Malgré la subite réapparition du droit romain on trouve cependant au début de l'époque monarchique une confusion complète, un mélange de la pratique féodale, caractérisée par son esprit de libéralité absolue, et du droit romain, sévère et méfiant envers toute sorte d'association.

Ainsi on peut voir dans la *Coutume de Nivernais* de

---

(1) Savigny : *Histoire du droit romain au Moyen âge.*

Guy Coquille (1), que les communautés taisibles, qui se constituaient autrefois sans aucune autorisation, continuent à se former librement, mais, une fois dissoutes, l'intervention du seigneur était nécessaire à leur réorganisation : « Communauté de gens de la dite condition une fois départie ne peut par eux être réassemblée pour succéder les uns aux autres sans le consentement exprès du seigneur ». — Cet article est ainsi expliqué par Guy Coquille : « Les gens de condition servile n'ont pas leurs volontés libres et franches. Aussi on peut dire que dès lors qu'ils se sont partis, le droit est acquis au seigneur pour les tenir inhabiles à succéder l'un à l'autre : lequel droit ne peut être osté au seigneur sans son consentement ». L'autorisation avait perdu son caractère romain car elle est à présent une conception patrimoniale dont le monopole est réservé au seigneur.

Il en est de même des communautés (2) et associations, qui une fois établies « se continuent etiam après la mort d'aucuns parsonniers et par subrogation de

---

(1) *Coutume de Nivernais*, par Guy Coquille, ch. VIII, art. 15.
(2) Il s'agit ici des communautés coutumières, non pas des communautés taisibles. M. Glasson, dans une savante étude sur les *Communautés taisibles et les communautés coutumières*, *Nouvelle revue historique*, 1899, p. 527 sqq. nous montre l'erreur des auteurs qui ont souvent confondu à tort les communautés taisibles et les communautés coutumières : les premières, à la différence des secondes, étaient soumises au droit commun des sociétés, c'est ainsi qu'elles prenaient toujours fin avec la mort de l'un ou de l'autre des associés.

personnes jusqu'à ce qu'il y ait partage ou renonciation, ou dissolution de la communauté, par volonté expresse ou tacite, et non par la seule mort, comme les sociétés romaines sont dissolues par la mort de l'un des associés (1) ».

Il faut ajouter encore que le principe de l'unité du patrimoine n'était pas complètement établi, car les conquêts n'appartiennent qu'à ceux des associés qui faisaient partie de la société au jour où elle les a acquis.

Au siècle dernier, la conception romaine de la personnalité morale est très nettement établie. La personnalité était implicitement liée au droit de s'associer qui était concédé en vertu des congés ou lettres du roi.

Nous concluons que le droit romain nous a fourni le germe de la personnalité et qu'il revient exclusivement à la science moderne d'avoir érigé en théorie la notion si complexe de la personnalité morale (2).

---

(1) *Coutumes de Nivernais*, Guy Coquille, ch. XXII, Des communautés et associations.

(2) « Les Romains en construisant la notion de la personnalité morale obéissaient à des nécessités pratiques et ne s'inspiraient pas d'un principe idéal, inscrit d'avance dans leur pensée. » Vauthier : *Étude sur les personnes morales*, p. 46.

Section II

NATURE JURIDIQUE DE LA PERSONNALITÉ

§ I. — **Théorie romaniste de la fiction.**

La notion d'être collectif est, comme nous l'avons vu, d'origine romaine. C'est le droit romain classique qui a créé la notion de l'*universitas*. Ce qui caractérisait cette *universitas personarum* c'est qu'une fois autorisée à se former elle avait l'entière capacité juridique (1). La science moderne, tant en France qu'en Allemagne, emploie les expressions de personne morale, civile ou juridique qui nous sont familières et qui signifient aujourd'hui : « un sujet de droit qui a la faculté de se faire représenter dans l'exercice de ses droits et qui n'est pas en même temps un être humain, une personne physique (2) ». Ces expressions

---

(1) Cette opinion est aussi soutenue par M. Mommsen : « Quand on commença à donner la personnalité, on arriva bientôt à penser que le droit de personnalité devrait être admis partout où était évidente l'utilité d'une société ou d'un collège. Nous ignorons l'époque où cette doctrine se fit jour ; mais c'est elle qui fit joindre l'idée de personne à toute idée de collège licite. De même en effet qu'auparavant les collèges et sociétés qui avaient l'autorisation des pouvoirs publics étaient considérés comme ayant une personnalité juridique et jouissaient du droit de personne, si toutefois ce droit était accordé alors, de même, par suite, quand aucun collège n'était constitué sans l'autorisation des pouvoirs publics, la logique du droit exigeait que la personnalité fût accordée à tous. » Mommsen, *Collegium et sodalicium Romanorum*, VI, § 17.

— Saleilles : Histoire des sociétés en commandite, *Annales de droit commercial*, 1895, p. 77.

(2) Michoud : Sur la notion de la personnalité morale, *Revue de droit public*, 1899, p. 6.

étaient aussi employées au commencement de ce siècle, mais elles ne s'appliquaient dans l'esprit des jurisconsultes qu'à des associations, à des collèges, en d'autres termes, à des *universitates personarum* comme autrefois dans la législation romaine (1).

La science allemande a vu la première que la conception romaine était trop étroite pour pouvoir satisfaire les nécessités de la vie moderne. Grâce aux travaux opiniâtres et à la pénétration des jurisconsultes allemands, on arrive à séparer les notions d'*universitas* et de personnification civile, qui, dans le droit des *Pandectes*, semblaient indissolublement unies. Ils ont reconnu que la capacité juridique peut aussi être attribuée à autre chose qu'à une collectivité ou à une personne vivante et qu'ainsi elle peut devenir le caractère distinctif d'un certain ordre de phénomènes qui leur semblait n'avoir rien de la vie réelle (2).

Il faut cependant remarquer que les partisans de cette école admettaient comme principe fondamental qu'il n'y a pas de droit sans un sujet de droit et d'autre part que l'homme seul est investi de la capacité juridique, c'est-à-dire que lui seul peut être sujet

---

(1) Glück : *Pandectes*, t. II, n° 113, p. 62 ; Toullier : *Le droit civil français*, t. I, n° 182.

(2) Arnold Heisse est le premier jurisconsulte qui cherche à élargir le domaine restreint de la personnalité civile. Voyez *infra*, note 2, p. 26.

de droit. N'y a-t-il pas alors contradiction à admettre la capacité juridique applicable à quelque chose qui ne participe pas de la vie réelle, à un patrimoine, alors que cette qualité ne s'applique qu'à des individualités humaines ? C'est pour échapper à cette flagrante contradiction qu'on imagina la théorie de la fiction (1). Grâce à elle l'ensemble de droits sans sujets sera supposé en avoir un qui est artificiel, suppléant à l'absence d'un sujet de droit réel et sauvegardant ainsi le principe que tout doit avoir un sujet pour être exercé.

Cette création fictive d'une personnalité nouvelle ne peut être que l'œuvre du législateur. L'homme est en effet impuissant à modifier la réalité au moyen de la fiction. C'est le législateur, lui seul qui, s'inspirant des nécessités d'un intérêt général, traitera une personne fictive comme si elle était réelle.

Il résulte de cette conception première que l'État reste le maître absolu de la fiction dont il se sert. La personnalité morale étant une création de la loi ne peut être qu'une *faveur* accordée par le législateur à certains groupements qui lui en paraissent dignes : « Aucun groupement, même licite, ne peut élever la

---

(1) « Le droit fait des fictions pour ne pas accepter des notions en contradiction avec ses règles fondamentales, et qui apparaîtraient comme des anomalies indisciplinées ; par ce moyen, le droit courbe les faits sous sa règle, au lieu de se courber sous les faits ». Unger, Kritiche Ueberschau, VI, p. 166. V. aussi System des österr. Privatrechts, T. I, p. 314.

prétention de l'avoir par la nature ; il lui faut la grâce, et cette grâce pourra lui être retiré comme elle lui a été donnée (1) ».

M. de Savigny, le grand représentant de l'école romaniste, a su dégager le caractère distinctif des personnes morales et créer en cette matière la dualité connue des corporations et des fondations. Dans le premier cas c'est un certain nombre d'individus qui constituent par leur réunion la personne juridique ; dans le second cas, au contraire, la personne morale a une existence plus idéale et repose sur une fin générale qui lui est assignée (2).

La personnalité des fondations, n'étant assise sur

---

(1) Michoux, *La notion de la personnalité morale,* p. 5.

(2) Savigny, Traité de droit romain II, § 86 (trad. Guénoux). Les doctrines de Savigny ont été reprises et développées avec un grand talent par Muhlenbruch, Doctrina Pandectarum § 200 ; Puchta, dans *Weiske's Rechtslexikon*, t. III, pp. 65-79 et dans les *Pandekten*. C'est grâce aux travaux opiniâtres et au génie de pénétration juridique de Savigny qu'on est arrivé à séparer les notions d'*universitas* et de personnification civile qui, dans le droit des Pandectes, semblaient indissolublement unies.

Arnold Heisse est le premier jurisconsulte qui cherche à élargir le domaine de la personnalité et à rompre le joug de la tradition romaine. Il considérait la personnalité comme susceptible de s'appliquer, non seulement à une *association*, à une *universitas,* mais aussi à un ensemble de choses, à une *universitas rerum*, c'est-à-dire à un patrimoine, pourvu qu'il s'agisse d'un but supérieur. La nouveauté de cette doctrine, en opposition formelle avec les traditions de l'enseignement, répandit beaucoup de vague et d'obscurité sur cette difficile matière. Savigny s'empara à son tour des doctrines de Heisse et discerna avec sa lucidité habituelle tout ce qu'elles renfermaient de vraiment essentiel. Vauthier, *Personnes morales*, pp. 268-274.

aucun élément de la réalité, ne pouvait résulter que d'une fiction juridique. D'autre part, M. de Savigny nous montre la parfaite identité de nature entre les corporations et les fondations et il conclut que la personnalité juridique est une création fictive dans les deux cas.

Comme conséquence de ce principe il résultait que l'être fictif, de nature contingente ou arbitraire, ne pouvait être que l'œuvre du législateur et que le pouvoir de l'Etat devait se manifester toutes les fois qu'il s'agissait de la naissance d'une personne morale. M. de Savigny présente à l'appui de cette déduction les textes du titre *quod cujuscumque universitatis* (1), d'où il semble résulter que dans la langue juridique romaine le mot *corpus* était l'équivalent de l'expression moderne *personnalité juridique*. En effet le § I de cette loi s'exprime ainsi : « le propre de ceux qui forment un *corpus* est d'avoir des biens communs, une caisse commune, un syndic qui peut les représenter ». En un mot, former un « corpus », c'est former une personne morale. Et la même loi ne permet pas la libre constitution des *corpora* : « Le droit de former une *societas*, un *collegium* ou un *corpus* n'est pas accordé à tous indistinctement ; car des dispositions législatives de toute sorte en interdisent l'exercice. Très rares sont les cas où le droit de former des *corpora* de ce genre est

---

(1) Loi 1re. D. Q. cuj. univ. 3. 4.

accordé : *paucis admodum in causis sunt hujusmodi corpora* » (1).

De tout cela M. de Savigny conclut que la capacité juridique était accordée par l'Etat représenté par l'autorité impériale.

Indépendamment de ces raisons, la nécessité du consentement de l'Etat, pour la formation d'une personne juridique trouve, d'après M. de Savigny, sa source dans la nature même du droit : « L'homme, par le seul fait de son apparition corporelle, proclame son titre à la capacité du droit. Quand la capacité naturelle de l'homme est étendue fictivement à un être idéal, ce signe visible manque et la volonté de l'autorité suprême peut seule y suppléer en créant des sujets artificiels de droits : abandonner cette faculté aux volontés individuelles, ce serait infailliblement jeter sur l'état du droit une grande incertitude,

---

(1) Cette opinion a été contestée, car les textes emploient, quand il s'agit de désigner la personnalité juridique, l'expression *vice personæ fungi* au contraire *corpus habere* signifie : « le droit de s'associer » qui devait être concédé par le pouvoir royal, mais cette autorisation ne concédait pas la personnalité civile : « A Rome, dit M. Saleilles, il faut une autorisation pour qu'il y ait *collegium licitum*. Mais dès que le *collegium* existe légalement, il forme un *corpus*, une *universitas*, ayant une capacité juridique propre en ce sens qu'elle a un patrimoine juridique à elle ». Saleilles, *Histoire des Sociétés en commandite*, Annales de droit commercial, 1895, p. 77. V. Mommsen, *Collegium et sodalicium Romanorum* VI, § 17 ; Girard, *Principes de dr. rom.*, p. 227 ; Vauthier, *Personnes morales*, p. 290. Voyez *supra*, p. 23 et note 1.

sans parler des abus que pourraient entraîner les volontés frauduleuses » (1)

La doctrine de M. de Savigny eut un succès immense non seulement en Allemagne mais elle passa en France où elle est encore aujourd'hui la doctrine dominante (2).

(1) Savigny, *op. cit.* II. § 89.
(2) MM. Lyon-Caen et Renault. *Traité de droit commercial*, II, Girard, *Manuel de droit romain*, p. 225 et s. ; Baudry Lacantinerie et Houcques-Fourcade, *Des personnes* ; cf. Accolas, *Manuel de droit civil*, III, p. 437 ; Heisser, *Etude sur les personnes morales*. Cependant, depuis quelques années, sous l'influence d'éminents jurisconsultes, un mouvement nouveau se dessine dans la science française : MM. Saleilles, *Histoire des sociétés en commandite*, *Annales de droit commercial*, 1895 et 1897 ; Michoud, *De la responsabilité de l'Etat*, *Revue de droit public* 1895 et son récent article *sur la notion de la personnalité morale*, *Revue de droit public*, 1899, n° 1 et n° 2, Boistel ; dans sa récente et remarquable *Philosophie du droit*, t. II, n° 314 ; Lainé, *Journal Clunet*, 1893, p. 279, Hauriou *De la personnalité comme élément de la réalité sociale*, *Revue générale du droit* 1898 ; Capitant, *Introduction à l'étude du droit civil*, p. 107 et s. La jurisprudence elle-même semble réagir contre cette doctrine. Ainsi un arrêt de la Cour de Cassation du 2 janvier 1894 reconnait aux associations licites, non reconnues d'utilité publique par une loi ou par un décret, une personnalité juridique *incomplète* qui leur permet d'agir en justice par l'intermédiaire de leurs administrateurs mais ne leur permet pas de recevoir des libéralités. S. 94. I 129 (et note de M. Lyon-Caen.)

§ 2. Théories de la personnalité réelle.

1° *Willenstheorie*.

En Allemagne, l'école germanique tend à repousser la doctrine romaniste de Savigny et à la remplacer par une nouvelle théorie qui considère la personnalité juridique comme un élément de la réalité sociale (Realitætstheorie).

Un des plus remarquables défenseurs de la nouvelle école est M. Zitelmann (1), qui prétend à la réalité des personnes morales, réalité aussi naturelle et aussi légitime que celle des personnes physiques. Il part de l'idée que *le droit subjectif est la faculté de vouloir reconnue par le droit* (2), et en prenant pour base de sa théorie la démonstration fournie par Kant, dans l'*Introduction à la critique de la raison pure*, qui prouve qu'une somme d'individualités forme une nouvelle notion douée de caractères différents des unités composantes. Il arrive à conclure que dans une collectivité on trouvera, à côté des volontés des membres qui la composent, une volonté nouvelle (3) qui aura

---

(1) Zitelmann, *Begriff und Wesen der sogenannten juristischen Personen*, p. 62 et s. V. aussi Meurer, *Begriff und Eigenthümer der heiligen Sachen*, p. 84 et s.

(2) Aussi Savigny. Système I, 1, § 4, p. 7.

(3) Gierke, dans sa remarquable *Genossenschaftstheorie*, constate dans toute collectivité une volonté commune, distincte de la volonté des membres qui la composent, et qui se manifeste à l'extérieur par ses organes, ses administrateurs.

la capacité de l'exercice des droits (Willens und Handlungs Fähigkeit).

A cette théorie basée sur la volonté (Willenstheorie) on a fait de sérieuses objections : 1° elle n'a pas démontré que la volonté de la collectivité est de même nature que la volonté humaine et qu'elle est, par suite, respectable au même titre ; 2° elle a considéré la volonté comme indépendante de l'individualité qui l'a produite : on arrive à constater une volonté nouvelle sans avoir un sujet qui l'exerce.

2° *Théorie organique des sociétés.*

La volonté du groupe peut aussi être démontrée par la théorie de l'école sociologique française qui considère la société comme une personnalité collective formée par un ensemble d'individus unis entre eux d'une manière analogue à celle des cellules dans un être vivant (1). On nous parle des tissus et des organes de la société. La société a son cerveau et son système nerveux comme tout organisme vivant (2). Les déci-

---

(1) Parmi les partisans de cette théorie on peut citer : MM. Fouillée, *Science sociale contemporaine* ; Worms, *Organisme et société* ; Novicow, *Conscience et volonté sociale* et Paul Liliefend, le président du Congrès de sociologie tenu en 1897, connu par ses travaux inspirés de l'idée organiciste.

(2) C'est en ce sens que s'exprime J.-J. Rousseau : « Le pouvoir souverain représente la tête, les lois et les coutumes sont le cerveau, les juges et les magistrats sont les organes de la volonté et des sens ; le commerce, l'industrie et l'agriculture

sions prises par un individu sont, comme dans toute société, les victoires remportées par un certain nombre de cellules sur d'autres : « Comment expliquer la lutte des idées dans un même esprit autrement que par la lutte des cellules du cerveau entre elles? » C'est dans ces termes que s'exprime M. Worms, un des plus ardents défenseurs de la nouvelle école, dans son remarquable ouvrage *Organisme et société.*

La liberté morale et l'intelligence qui sont les attributs de l'homme deviennent une objection sérieuse à la théorie de l'organisme social. M. Worms s'en tire en les supposant même pour les cellules : « Ni la conscience ni la liberté n'appartiennent aux éléments du corps social à l'exclusion des éléments du corps organique. Elles sont très nettes en ceux-là mais elles peuvent être découvertes en ceux-ci. » D'autre part, les rapports qui existent entre les cellules d'un organisme vivant sont purement physiques, n'ont aucun caractère moral, ce qui est le contraire pour toute manifestation sociale où les rapports moraux jouent le principal rôle (1). Enfin il faut remarquer que

---

sont la bouche et l'estomac qui préparent la substance commune ; les finances communes sont le sang, qu'une économie, en faisant les fonctions du cœur, distribue par tout l'organisme ; les citoyens sont le corps et les membres qui font mouvoir, vivre et travailler la machine. On ne saurait blesser aucune partie sans qu'aussitôt une sensation douloureuse ne s'en porte au cerveau, si l'animal est dans un état de santé ». J. J. Rousseau, *Encyclopédie.* V. *Economie politique.*

(1) Voyez dans ce sens l'article publié par notre savant

l'organisme se développe spontanément, pacifiquement, pour ainsi dire, à partir de la cellule mère tandis que l'évolution de la société est continuellement agitée par des violences (1).

M. Fouillée, dans son beau livre sur la *Science sociale contemporaine*, admet la théorie hybride de l'organisme contractuel (2), car il définit la société : « Un organisme qui se réalise en se concevant et en se voulant lui-même (3) ». Le caractère contractuel n'empêche pas, d'après M. Fouillée, d'être un organisme car « la conscience de l'organisation et de l'évolution

---

maître M. Boistel, *La théorie des sociétés-organismes*. Revue générale de droit, 1899, n° 1, reproduit dans son Cours de philosophie du droit, t. II, p. 50-62.

(1) C'est l'essence de la théorie de M. Krusinski, exposée par M. Krauz au Congrès de l'Institut international de sociologie. V. *Annales de l'Institut international de sociologie*, 1896, p. 405-438.

(2) « Dans les sociétés, dit M. Fouillée, les éléments ont un *moi* et par cela même l'organisme ne peut pas en avoir ; il ne peut plus exister là entre les consciences qu'une unité d'objet et de but, non une unité de sujet ; car ce sont précisément des sujets multiples qui, se connaissant eux-mêmes et connaissant les autres, s'associent avec réflexion et liberté ». — « C'est donc, en définitive, conclut M. Fouillée, dans les membres même de la société qu'existe la conscience de l'organisme social et du contrat social, conscience plus ou moins claire d'ailleurs et qui va s'exaltant dans les intelligences supérieures. Par cette harmonie des consciences à la fois unies et distinctes s'achèvent et se concilient la plus grande liberté individuelle et la plus grande solidarité collective ». Fouillée, *Science sociale contemporaine*, pp. 82 sqq. Nous dirons avec M. Boistel : « Comment peut-on supposer un organisme qui n'existe pas encore, puisqu'il a besoin de se réaliser, et qui, néanmoins, se conçoit et se veut ? » Boistel, *Philosophie du droit*, II, p. 55.

(3) Fouillée, *Science sociale contemporaine*, 3ᵉ éd. p. 222.

ne détruit pas l'organisation et l'évolution même. »

La théorie de l'organisme social est d'origine récente; on en trouve cependant quelques traces dans l'école historique avec Savigny et Montesquieu, dans l'école panthéiste avec Hegel et Schelling et surtout dans l'école posiviste d'Auguste Comte (1). Le congrès de sociologie tenu à Paris en juillet 1897 a porté à cette doctrine un véritable coup mortel (2).

3° *Théorie de M. Hauriou* (3).

M. Hauriou, un des partisans de la théorie réelle, a présenté récemment une très originale théorie dont le fondement est la réalité du phénomène de la représentation; savoir : la fusion de la volonté des représentants avec celle des représentés (4). Cette unification

(1) Dans le même sens, J.-J. Rousseau. Voyez *supra* page 31, n. 2.

(2) Parmi les plus remarquables adversaires de cette théorie, il faut citer : M. Starke, l'auteur de *la Famille primitive*; M. Stein, le savant directeur de l'*Archiv für Geschichter der Philosophie*; M. Boistel, l'auteur du récent et remarquable ouvrage de *Philosophie du droit* et le grand sociologue M. Tarde qui a démontré l'inadmissibilité de cette théorie. Voyez *Annales de l'Institut international de sociologie*, 1897, p. 236-261.

(3) Voyez l'exposé de la théorie de M. Hauriou dans la *Revue générale du Droit*, année 1898, p. 1 et s. et 119 et s. : *De la personnalité comme élément de la réalité sociale;* voyez aussi Leçons sur le mouvement social, Paris, Larose, 1899, p. 144 et s. (2ᵉ appendice) et au texte, 5ᵉ leçon, p. 92 et s.

(4) Notre savant maître, M. Boistel, dans son *Cours de philosophie du droit*, présente une théorie qui ressemble à celle de M. Hauriou. L'élément réel qui constitue la personne morale est : « le faisceau des volontés des associés, en tant que ces volontés se dirigent d'accord vers le but social » (t. II, n. 314).

des volontés s'accomplit spontanément, sans aucune intervention de l'autorité publique. « Il faut, dit-il, contraindre l'Etat à renoncer au droit de conférer et de retirer la personnalité aux associations et aux établissements. »

Dans la vie subjective d'une personne collective il faut distinguer deux stades : le moment de la décision et celui de l'exécution de sa volonté. Dans le premier moment il y a sans doute une volonté unique, car, par le jeu des forces intérieures du groupe, « il y a toujours une volonté humaine qui devient maîtresse des autres volontés et s'impose. » Mais comme cette volonté n'est ni unique ni persistante, le droit est obligé de lui donner une importance et une continuité qu'elle n'a pas en réalité. C'est d'ailleurs un procédé familier à la science du Droit, qu'il emploie même dans la notion de la personnalité individuelle : « La personnalité juridique individuelle est comme un masque appliqué au visage. Le visage c'est la personnalité subjective proprement dite, le moi humain qui est dans l'individu ; mais le droit n'a pas la prétention de mouler exactement cette réalité humaine subjective. Il ne s'attache qu'à l'une des manifestations du moi, la volonté ; c'est la seule qui l'intéresse, parce que bien que la racine en soit subjective, les effets se projettent au dehors sous formes d'actes ; or, le droit n'entend régir que les actes extérieurs.

Cette volonté subjective, il la prend à titre de phénomène, comme un pouvoir qui, en fait, tient en respect d'autres pouvoirs. Il ne s'embarrasse point de la question de savoir si elle est la manifestation d'une substance; le moi substantiel lui est indifférent; c'est une question métaphysique et non juridique. *Est-ce même dans la volonté considérée comme une faculté toujours présente que le droit fixe la personnalité juridique? Non, mais bien plutôt dans une série de volitions présentant certaines qualités d'autonomie. de raison pratique, et constituant l'attitude extérieure de l'homme. Car les volitions sont la seule réalité phénoménale que l'on puisse saisir. Attribuer les volitions à une faculté active du moi, faire de cette faculté une entité sous le nom de volonté, c'est déjà de la construction métaphysique* (1). »

A côté de cette première unité il faut qu'il y ait encore unité « dans l'exécution de la décision prise. » Il faut que cette décision soit réellement reproduite dans les volontés de tous ; cela a lieu en vertu de la « solidarité représentative » : les membres du groupe savent que la décision prise « représente » les intérêts corporatifs qu'ils poursuivent « solidairement ». « Les membres de la corporation, dit M. Hauriou, se font une idée de l'association, de son but, de ses intérêts, des droits qu'il lui faut, des actes nécessaires pour exercer ces droits. Sur tous ces points, l'unité

---

(1) Hauriou: De la personnalité comme élément de la réalité sociale, *Revue générale de Droit*, 1898, p. 18.

représentative s'accomplit, non point en vertu de l'unité de l'organisme, mais par unanimité. Les droits réalisés sont ceux voulus par l'unanimité des volontés fondues en une représentation mentale unique. Dès lors je conçois qu'ils puissent être attribués à une personne morale unique. »

De tout cela il résulte que le fondement de la personnalité est « l'unanimité représentative », mais comme la représentation est réelle, d'une réalité sociale, la capacité de l'exercice des droits n'est pas fictive en elle-même.

Cette théorie, quoique très remarquable et très ingénieuse, conduit cependant à une conséquence inacceptable : la fusion des volontés s'exprime en mille cas divers sans qu'on ait songé à parler de la personnalité morale : les volontés des époux dans la société conjugale, des créanciers d'une faillite, etc., fusionnent d'une manière identique à la volonté d'un groupe doué de personnalité. Et alors quel est le critérium de distinction entre les situations de ce genre et celle de la personnalité juridique ? (1).

§ 3. Autres théories sur le fondement juridique de la personnalité morale.

1° *Théories de M. de Ihering et de M. Labbé.*

Est-il nécessaire de considérer un être de raison ou

---

(1) Michoud : *La notion de personnalité morale,* p. 40.

dé réalité, distinct de la personne des associés, pour expliquer le fonctionnement d'un patrimoine social indépendant ? M. Ihering pense qu'on n'en a pas besoin et que le simple jeu des droits individuels suffit pour créer l'isolement et l'indépendance juridique de ce corps de biens. Cet auteur formule ce système dans les deux règles suivantes : 1° les membres isolés sont les véritables destinataires de la personne juridique et 2° des considérations pratiques veulent que les intérêts communs soient poursuivis non par les membres isolés, mais par l'ensemble de ces membres représenté par une unité personnelle artificielle.

Ainsi d'après ce système, les véritables sujets du droit sont les membres isolés. La personne juridique n'est qu'un ayant-cause technique nécessaire par lequel ceux-ci manifestent leur rapports juridiques avec le monde extérieur.

Ce qui caractérise la théorie de M. Ihering c'est qu'il la considère comme applicable à toutes les personnes morales. Mais si le principe formulé peut paraître juste pour les personnes morales privées et qui ne répondent qu'à des intérêts particuliers, il est difficile d'en faire l'application aux fondations et aux personnes morales publiques.

Cette théorie semble avoir oublié qu'il y a dans les personnes morales publiques autre chose que la somme des intérêts individuels : l'être moral est destiné à durer ; la disparition des membres dans un Etat, dans une commune, n'affectera pas la personne juridique dans son essence (1). D'autre part, dans un patrimoine il y a deux choses à considérer : la propriété et la jouissance et si dans les fondations et autres personnes morales publiques la jouissance va directement à des hommes, si par exemple dans une fondation ce sont les pauvres, les malades, les orphelins, etc., qui profitent de ses biens, il ne s'en suit pas qu'ils en aient la propriété. Celle-ci doit avoir un support plus stable car il est impossible qu'elle appartienne à des destinataires inconnus et éventuels ; et c'est dans ce but qu'on a créé la fiction de la personnalité (2).

M. Labbé (3) part du même principe que M. Ihering, il en diffère cependant car il l'applique seulement aux sociétés investies de la personnalité civile. D'après le savant auteur, leur personnification n'est qu'une forte concentration de droits individuels ; elle n'est pas la création d'un être moral absolument distinct des individus qui sont ses membres, ses agents ou ses instruments. « La personnification, dit M.

---

(1) Michoud : *La notion de personnalité morale*, p. 27.

(2). Cassagnade : *Personnalité des sociétés civiles et commerciales*, p. 118.

(3) Sirey : 1881, 2, 249 ; Journal *La Loi* du 27 août 1881 et *Revue critique de législation et jurisprudence* 1882, Examen doctrinal, p. 345.

Labbé, est une fiction, un voile qui cache un temps le fait de la copropriété, voile qui se dissipe à la dissolution pour faire reparaître la réalité, c'est-à-dire la juxtaposition des droits individuels en état d'indivision (1).

M. Labbé s'est prononcé sur la nature de la personnalité à l'occasion d'une vive discussion doctrinale relative à la capacité des sociétés de recevoir des libéralités. Nous consacrerons une section spéciale à

---

(1) Voici aussi en quels termes s'exprime M. Labbé dans une note sous un arrêt de la Cour de Toulouse du 22 juin 1872 (Sirey, 1873, II, p. 169) : « La société peut être envisagée comme contrat et comme personne. La société en tant que contrat, destinée à faire naître des obligations entre les parties, est régie par le droit commun des obligations conventionnelles. Le consentement est aussi obligatoire ici que partout ailleurs. La société en tant que personne, personne juridique, introduite dans le monde des affaires, est soumise pour son existence et sa formation à des conditions spéciales. Une rédaction d'écrit est nécessaire, une publicité est ordonnée. Un délai pour la publication est rigoureusement prescrit. La sanction du défaut de publicité est la nullité.

Il est très important de distinguer la société-contrat et la société-personne. Une séparation profonde existe entre ces deux points de vue. Supposons une société-personne non régularisée par la publication ; comme elle est un danger, une cause de surprise dans le monde des affaires, la loi autorise les associés à demander l'un contre l'autre la dissolution du contrat, afin de faire disparaître la personne qui devait accompagner le contrat et qui a été imparfaitement constituée. *Dissolution* : tel est à notre avis le mot et non pas *nullité*. *La personne morale est nulle, faute de publicité*, laquelle requiert la rédaction d'un écrit. *Le contrat de société* n'est pas nul faute de solennité, mais il est *dissoluble* à la volonté de l'une des parties, *à raison de la nullité de la personne sociale*. »

cette question et c'est là que nous discuterons la solution présentée par l'éminent jurisconsulte.

2° *Système des droits individuels privilégiés.*

L'harmonie des droits individuels suffit à elle seule pour justifier de la manière la plus rationnelle tous les résultats que l'on déduit de l'existence d'un être moral.

M. Van den Heuvel, qui a développé cette théorie (1), veut nous démontrer que les trois effets principaux qu'on rattache à la personnalité : 1° caractère mobilier du droit des membres; 2° représentation en justice par un gérant et 3° distinction entre le fonds et le capital appartenant aux associés, peuvent s'expliquer de la manière la plus rationnelle sans l'intervention d'un être juridique indépendant.

1° La représentation en justice d'une société par son gérant ou ses administrateurs est identique en effet à celle qui a lieu en cas de succession vacante et de faillite et qui est effectuée par les curateurs ou les syndics dans l'intérêt des créanciers. Ceux-ci ne représentent pas une personne morale, ils représentent les créanciers en vertu d'un mandat spécial. Pourquoi, ajoute M. Van den Heuvel, les administra-

---

(1) Van den Heuvel, Association sans but lucratif, p. 42 sqq. M. Marcel Mongin a repris cette théorie en la restreignant; il ne l'applique pas à toutes les associations mais seulement aux sociétés (*Revue critique de lég.*, 1890. p. 697 sqq.)

teurs d'une société ne pouvent-ils pas tenir le même mandat en vertu du consentement des parties ? La règle que « nul ne plaide par procureur », c'est-à-dire que « nul ne peut se faire représenter en justice par un mandataire qui figurerait seul dans l'instance », ne peut pas s'y opposer. En effet elle n'est pas d'ordre public, car on peut y renoncer par une clause expresse renfermée dans les statuts et encore la Cour de Cassation admet une renonciation tacite à cette maxime si on ne l'a pas invoquée dans les autres instances (1).

On voit que pour faire brèche à la règle « nul ne plaide par procureur », l'on n'a pas besoin de faire intervenir un être fictif, mais seulement d'élargir le principe de la représentation des droits individuels.

2° Quant au caractère mobilier des droits des associés, dans les sociétés commerciales, cette règle a été admise parce que l'application du droit commun soulèverait en cette matière des obstacles sans nombre, qu'il était peut habile d'embarasser le développement des vastes sociétés commerciales, en assujétissant leurs actions à toutes les règles et à toutes les précautions qui ont été prises par le législateur sur la transmission des immeubles. « Il est nécessaire, disait

---

(1) Sirey, 1883, II, 49 et note de M. Labbé; Cass. 17 février 1890, *Gazette du Palais*, 6 mars, 1890.

Treilhard, de conserver aux actions leur qualité de mobilières parce qu'il importe de faciliter leur circulation. »

3° Enfin la conséquence la plus importante : la séparation du patrimoine social d'avec les patrimoines individuels des associés, nous met en présence d'une situation analogue à celle qui se rencontre dans plusieurs autres cas sans qu'on ait pensé à faire intervenir la fiction de la personnalité. Les créanciers dans les sociétés personnifiées sont dans une situation semblable à celle des créanciers dans les successions, où il y a soit bénéfice d'inventaire soit séparation de patrimoine.

D'ailleurs, ajoute M. Van den Heuvel, la distinction des patrimoines est une conséquence légitime de la liberté des conventions. Si je contracte une dette sans poser de conditions particulières à mon engagement, le créancier aura un droit de gage sur tous mes biens présents et futurs. Mais pourquoi ne pourrais-je pas, s'il y consent, restreindre ou augmenter son gage ? En apportant certains biens dans la société, je suis censé les affecter spécialement aux obligations que je contracterai comme associé. C'est une convention très naturelle, pourvu que les tiers en soient suffisamment prévenus. Il suffira donc, en vertu du principe de la liberté des conventions, que la loi sanctionne le droit de préférence accordé aux créanciers sociaux sur les choses sociales.

Cette théorie est donc bien dûment qualifiée « théorie des droits individuels privilégiés. »

Mais ce privilège, encore faut-il qu'il soit consacré par la loi (1). M. Van den Heuvel nous a montré en somme qu'on peut se dispenser de la personnalité morale mais qu'on ne peut pas se dispenser de l'intervention du législateur.

M. Van den Heuvel étend cette théorie à toutes les personnes morales. Nous croyons au contraire qu'on peut recourir à cette théorie pour expliquer certains effets de la personnalité des sociétés commerciales; mais son application devient difficile et on peut dire impossible pour les sociétés politiques, telles que la commune ou l'Etat, car l'élément conventionnel, base essentielle de cette théorie, fait, dans tous ces cas, absolument défaut.

3° *Système des droits sans sujet.*

M. Brinz (2) reproche à la science moderne d'avoir introduit la notion de la personnalité civile, notion qu'il trouve inutile. Le droit romain, nous dit M. Brinz, n'a pas connu cette conception juridique. La preuve c'est que les Romains ne disaient pas : *la cité est une personne*, mais : *la cité tient la place d'une*

---

(1) Van den Heuvel insiste sur ce point, op. cit. p. 63, p. 91 sqq.

(2) Brinz : *Pandekten*, § 59 et suiv., § 432 et suiv.

personne, reconnaissant par là qu'elle n'en était pas une. La cité n'était donc pas investie de la personnalité et cependant les textes témoignent qu'elle avait un patrimoine, ce qui prouve qu'on n'avait pas besoin de personnification. On doit toujours distinguer deux sortes de patrimoines : ceux qui appartiennent à une personne, *Personen-Vermœgen*, et ceux qui n'appartiennent à personne mais qui sont affectés à un but déterminé, *Zweck-Vermœgen*. Hellmann (1), Windscheid (2), Demelius (3) et Bekker (4), adhèrent à ce système. C'est ainsi que M. Windscheid (5) considère que le droit subjectif n'implique pas une volonté mais « le pouvoir de vouloir ». Ceci est très important à distinguer car si toute volonté exige un individu pour être exercée, « le pouvoir de vouloir » exige aussi un individu en qui résidera ce pouvoir ; mais celui-ci peut très bien l'exercer pour un autre ou même dans un but quelconque. Dans ces cas la personne réelle ou le but ne sont pas les sujets de droits, ils sont seulement les moyens par lesquels les droits sont exercés.

M. Bekker (6) arrive à la même conclusion en

---

(1) Hellmann : *Das gemeine Erbrecht der Religiosen*, p. 87.
(2) Windscheid : *Pandekten*, 49, 53, n. 2, § 7.
(3) Demelius : *Jahrbücher für Dogmatik*, IV, 113 et s.
(4) Bekker : *Zum Lehre von Rechtssubject*, dans *Jahrbücher für die Dogmatik*, t. XII, p. 1 et suiv.
(5) *Op. cit.*, 53, n. 2, § 7, mais surtout *Die Actio des rœm. Rechts*, p. 234 et s.
(6) *Op. cit.*, t. XII, p. 1 et s.

analysant la question de sujet de droit. On peut avoir, nous dit-il, à l'égard d'un droit deux situations différentes : la disposition et la jouissance, la *Verfügung* et le *Genuss*. La première situation ne peut appartenir qu'à un être doué de volonté ; la seconde au contraire peut appartenir à un but ou à une chose inanimée. M. Bekker ne veut pas dire pour cela que le but ou la chose inanimée soient les sujets des droits car d'après lui cela n'a aucune importance.

Les partisans de ce système « de droits sans sujet (1) » invoquent à l'appui de leur doctrine plusieurs textes du droit romain où à côté de l'expression *pertinere ad aliquem* on trouve *pertinere ad aliquid*. C'est ainsi qu'un fonds pouvait être propriétaire, car il pouvait soit acquérir une servitude : *fundo servitus adquiritur*, soit obtenir un jugement : *sententia fundo datur*, soit perdre un droit d'aqueduc, etc.

Cette doctrine est inacceptable. Un droit n'est en effet qu'un rapport juridique entre un sujet et un objet. Supprimer le sujet, c'est détruire le rapport juridique et par suite le droit lui-même. D'ailleurs les expressions *servitus fundo adquiritur* et d'autres analogues ne veulent pas dire qu'un fonds peut être considéré comme un sujet de droits ; ces expressions nous montrent au contraire que la servitude est une

---

(1) Cette théorie est soutenue en France par M. Planiol. V. Dalloz, 1893, 2. 513 et *Traité élémentaire de droit civil*, I, n. 675, p. 262.

qualité du fonds qui s'attache à la personne non en tant que personne mais en tant que propriétaire du fonds (1). Remarquons aussi que l'arbitraire de l'État dans ce système est trop grand car, comme le remarque M. Michoud : « s'il y a des droits sans sujet, un patrimoine sans maître, l'État pourra s'emparer sans que personne puisse élever une contradiction légitime (2) ».

4° *Système historique du patrimoine d'affectation.*

La conception historique du patrimoine d'affectation a été présentée et soutenue par M. Saleilles dans une remarquable étude sur l'*Histoire des sociétés en commandite* (3). Dans l'ancien droit, pour qu'une so-

---

(1) Giorgi : *Persone Giuridiche*, I, p. 44; Cf. Gouffre de Lapradelle : *Fondations perpétuelles*, p. 426.

(2) Michoud : *La notion de personnalité morale*, p. 22. Voyez aussi les observations de M. Hauriou : De la personnalité comme élément de la réalité sociale, dans la *Revue générale du droit*, 1898, p. 128, note 2, et *Leçons sur le mouvement social*, p. 157, note 2.

(3) *Annales de droit commercial*, 1895, p. 49 sqq. ; 1897, p. 29 sqq. M. Saleilles a ainsi appliqué la théorie du patrimoine d'affectation à plusieurs institutions : en matière de possession, de propriété, de fondation, de cession de dettes et d'une façon générale de toute la partie relative aux obligations. Voyez sur ces points : les notes publiées dans Sirey (Sirey, 1894, 2. 185 et 1895, 2. 185); les articles publiés dans la *Revue bourguignonne de l'Enseignement supérieur (Rev. bourg.*, ann. 1893, p. 879 et s. ; ann. 1894, p. 317 et s., p. 660 et s. ; et ann. 1895, p. 3 et s., p. 71 et s., p. 90 et s.); dans les *Annales de droit commercial (Ann. de dr. com.*, ann. 1890; II, p. 38 et s., ann. 1893, p. 207 et s.) et dans la *Revue de droit public*, ann. 1895, I, p. 168 et s. Voyez

ciété pût prétendre à la personnalité elle devait avoir une raison sociale. Quoique dénuées de personnalité, les sociétés en commandite ont fonctionné pendant l'ancien régime absolument comme elles fonctionnent aujourd'hui. « Ceci est d'une importance capitale, dit M. Saleilles, parce que cela nous montre un patrimoine, qui est le patrimoine d'une communauté d'individus, sans être d'une personne morale, et qui cependant est dans des conditions analogues au point de vue de son fonctionnement pratique, à celles d'un patrimoine doué de personnalité (1) ».

Le patrimoine social, dans les sociétés en commandite de l'ancien droit, n'appartenait donc pas à la société personne morale. Il était la copropriété des associés ; cette copropriété ne ressemblait cependant en rien à celle du droit romain (2) : elle produisait au contraire des résultats à peu près analogues à ceux de la personnalité. « Il y avait là purement et simplement un exemple de plus d'une conception de la copropriété qui se rencontrait partout, qui était presque une sorte de droit commun universel, dans l'Europe du moyen âge. On la retrouvait en

---

aussi son remarquable livre sur l'obligation dans le projet de code civil allemand.

(1) *Annales de droit commercial*, 1897, p. 31.

(2) C'est-à-dire : 1° droit au partage pour chacun des copropriétaires ; 2° droit de disposition pour chacun d'eux relativement à sa part et 3° confusion de patrimoine entre la part qui appartient à chacun et son patrimoine propre.

matière de communauté domestique, dans ce que l'on a appelé plus tard les communautés taisibles, et aussi dans les communautés rurales ; c'est à cette forme de copropriété commune que les Allemands ont donné le nom de Propriété en main commune (Gesammte Hand) parce que s'il y avait encore indivision en ce qui touche le fond du droit et la répartition théorique des parts individuelles, il y avait unification sous une même main et administration unique (1) ».

Un individu pouvait ainsi, dans l'ancien droit, avoir deux sortes de patrimoines : son patrimoine ordinaire et son patrimoine social. Ce dernier était affecté à une destination exclusive qui l'avait soustrait au gage commun de ses créanciers.

Mais aujourd'hui est-ce qu'on peut, par voie d'affectation volontaire, soustraire une part de ses biens du gage de ses créanciers ?

M. Saleilles ne voit aucun motif pour ne pas l'admettre pour les sociétés, d'autant plus que tout le monde admet que le code civil et le code de commerce ont entendu conserver et consacrer en matière de société une coutume et des traditions séculaires. A condition bien entendu « que ce patrimoine affecté à une destination exclusive forme, en apparence aussi bien que dans la réalité, un ensemble séparé et

---

(1) *Annales de droit commercial*, 1897, p. 34.

distinct, dont l'affectation ne puisse tromper personne (1). »

Ainsi, d'après le savant auteur, la personnalité morale, dont on considère comme investies les sociétés commerciales, pour pouvoir expliquer toutes les conséquences qui s'y produisent, et particulièrement la séparation du patrimoine social d'avec ceux des associés, est une notion dont on pourrait se dispenser en adaptant la théorie du patrimoine d'affectation : les biens sociaux seront la copropriété des associés mais ils ne pourront pas en disposer car chacun d'eux est considéré comme ayant abdiqué son droit individuel.

« Nous sommes ainsi en droit, conclut M. Saleilles, de revendiquer pour le droit moderne, sous l'empire même du code civil et au nom en quelque sorte du code civil lui-même, la conception du patrimoine de ce genre susceptible d'aboutir, comme dans l'ancien droit du reste, à peu près au même fonctionnement pratique que le patrimoine des corporations érigées en personnes civiles (2). »

§ 4. **Notre théorie: un essai de conciliation entre l'école romaniste et la nouvelle école de la réalité sociale.**

Après avoir exposé toute cette variété de systèmes, nous devons nous demander quelle est la doctrine la plus recevable.

(1) *Annales de droit commercial*, 1897, p. 38.
(2) *Ibid.*, 1897, p. 46.

Pour notre part, nous ne pouvons pas admettre les théories qui font abstraction de la personnalité morale, car, comme nous aurons l'occasion de le montrer pour les sociétés, la simple structure du contrat de société est impuissante à expliquer les conséquences qui découlent de la personnalité morale.

Il nous reste donc à choisir entre la nouvelle théorie de la personnalité réelle et la théorie de la personnalité fictive. Mais nous ne pouvons admettre ni la nouvelle théorie, ni la doctrine classique de la fiction. Nous considérons la première comme un danger pour l'existence de l'État, car accorder aux individus doués de la capacité civile le pouvoir de créer librement, sans aucun contrôle des pouvoirs politiques de l'État, des personnes morales douées des mêmes facultés que ceux qui les ont produites et, de plus, douées de la vie perpétuelle (au moins pour quelques-unes), c'est permettre l'arbitraire dans la vie civile, c'est accorder la possibilité d'avoir dans le sein de l'État des forces considérables susceptibles de menacer son existence.

Quant à la seconde théorie, qui consiste à considérer la personnalité morale comme *un sujet de droit créé artificiellement* (1), un réquisitoire complet, appuyé sur des arguments d'une haute valeur, a été dressé contre elle par M. Michoud dans un très intéressant

---

(1) Savigny, *Traité de Droit romain*, trad. Guenoux, II, § 85, p. 237.

article publié récemment dans la *Revue de droit public* (1). Nous ferons remarquer que si tout droit exige un sujet pour être exercé, on ne peut bien concevoir comment une réalité peut être exercée par une abstraction. L'esprit serait satisfait si le sujet était lui aussi une réalité et la fiction consisterait à accorder à cette manifestation réelle des caractères qu'elle n'a pas en réalité.

Ce sont là en effet des procédés familiers à la science du droit. Partout et même dans la notion de personnalité individuelle, elle opère par voie d'abstraction en mettant en relief certains phénomènes qui sont réels, mais qui dans la réalité sont plus complexes ou plus intermittents que les abstractions juridiques auxquelles ils correspondent. « La personnalité juridique individuelle nous apparaît continue et identique à elle-même ; elle naît avec l'individu ; elle est du premier coup constituée ; elle demeure toujours la même pendant l'existence ; elle soutient sans défaillance, pendant des années, des situations juridiques immuables ; elle veille pendant que l'homme sommeille, elle reste saine pendant qu'il déraisonne ; parfois elle se perpétue après la mort, puisqu'il y a des successeurs qui sont continuateurs de la personne. Or, dans la réalité des choses, les volitions des

---

(1) Michoud, *Personnalité morale*, Revue de droit public, 1899, n° 1 et n° 2.

hommes sont intermittentes, changeantes, contradictoires ; non seulement elles ne persistent pas dans le même objet, mais elles y varient constamment. Sur cette physionomie agitée, tumultueuse, qu'est la face volontaire de l'homme, le Droit a appliqué un masque immobile (1). »

C'est en partant de cette idée que la fiction est utile et permise à la science du droit seulement pour rendre quelquefois à des manifestations de la vie réelle des caractères qu'elle ne possède pas, que nous nous sommes proposé de chercher le fondement juridique de la personnalité morale.

Nous prenons comme point de départ que le fondement du droit est la volonté humaine et nous considérons comme sujet du droit l'être qui exerce cette volonté.

On a objecté à ce principe qu'il y a des êtres humains dénués ou à peu près dénués de volonté, tels que le fou ou l'*infans*, et que l'absence de la volonté chez eux n'a jamais empêché de leur reconnaître une personnalité et de leur attribuer des droits. Nous répondrons avec M. Gouffre de Lapradelle que « l'enfant et le fou présentent dès maintenant une réflexion et une volonté, l'une naissante, l'autre malade, mais dont la faiblesse chez le premier

---

(1) Hauriou. *De la personnalité comme élément de la réalité sociale,* Revue générale de Droit, 1898, p. 19.

et l'altération chez le second supposent l'existence car on ne qualifie pas le néant » (1).

Nous considérons aussi comme base de notre théorie la démonstration fournie par Kant dans l'Introduction de la *Critique de la raison pure* (2), qui prouve qu'une somme d'individualités forme une nouvelle individualité douée des caractères différents des unités composantes ; et nous considérons en même temps la volonté inséparable de l'individualité qui l'a produite et seulement la volonté humaine comme capable d'être le fondement des droits.

---

(1) Gouffre de Lapradelle, *Théorie et pratique des fondations*, p. 429.

(2) Kant divise les jugements en deux catégories : *jugements analytiques*, où il suffit d'analyser un terme du rapport pour en tirer l'autre terme, et les *jugements synthétiques*, qui expriment un rapport entre deux notions auparavant isolées (analytischer und synthetischer Urtheile). Les jugements synthétiques à leur tour sont de deux espèces : la vérité des uns ne repose pas sur l'expérience, Kant les appelle *jugements synthétiques à priori*; pour les autres, au contraire, l'expérience est nécessaire, et Kant les appelle *jugements synthétiques a posteriori*. Pour savoir si la proposition $\alpha + \alpha' + ... = j$ ou $\Sigma\alpha = j$, où $\Sigma\alpha$ représente la somme des quantités de la forme α, est une proposition synthétique ou analytique, il faut voir si la notion j est renfermée logiquement et nécessairement dans la notion du sujet $\Sigma\alpha$. Or nous remarquons que la notion j n'est pas renfermée dans celle du sujet, car elle est ignorée pour nous et pour la connaître il faut recourir à l'expérience. La proposition énoncée est donc synthétique à *posteriori* et j est une notion distincte de $\Sigma\alpha$.

Nous avons jugé utile de rappeler brièvement la démonstration fournie par Kant, car c'est sur elle que sont basées la théorie de M Zitelmann et notre propre théorie.

Supposons un groupe où il y a α, α', α''... comme membres. La somme totale $\alpha + \alpha' + \alpha'' + ...$ nous la désignerons par $\Sigma\alpha$. Les $\Sigma\alpha$ volontés des membres produiront, en vertu de la démonstration fournie par Kant, une volonté nouvelle (1), avec des caractères différents de ceux des unités composantes, c'est-à-dire qu'elle aura des caractères qui ne ressembleront pas à la volonté humaine individuelle. Mais en même temps les $\Sigma\alpha$ individualités des membres produiront, en vertu du même principe de Kant, une individualité nouvelle qui, ayant des caractères différents des unités composantes, ne sera pas certes un être humain mais une individualité collective, une manifestation spontanée de la réalité sociale.

Par l'effet de cette opération nous voyons une volonté rattachée à une individualité, ce qui est conforme à notre esprit. Cette volonté, d'après ce que nous venons de voir, n'est pas une volonté humaine individuelle ; la fiction consiste à lui en attribuer les caractères et à la rendre respectable pour les mêmes motifs (2).

---

(1) « Les volitions humaines se mettront en acte pour créer au groupement une volonté subjective ». Hauriou, article cité, § 19.

(2) Le fondement de la personnalité est donc la volonté : « Persona est substantia rationalis, eaque vel naturalis, vel civilis : naturalis... homo ; persona civilis est collegium, quod, quia habet unam voluntatem diagnoscibilem, ideo obligare et obligari potest. Leibniz, *Nova Methodus*, IIe partie, § 16.

Nous concluons que tout groupement est une entité sociale avec une volonté qui ne ressemble point à celle des unités, encore qu'elle en soit le produit, et nous exigeons l'intervention du législateur pour rendre à cette volonté des caractères qu'elle n'a pas en réalité.

Une fois la personne morale existante, en vertu de cette opération, elle jouit de tous les droits inhérents à la personnalité (1).

M. Michoud, dans une savante dissertation sur la *Notion de personnalité morale* (2), nous semble arriver à la même conclusion que nous avons obtenue.

Tout d'abord, M. Michoud nous montre qu'on a pris un faux point de départ dans la définition du droit subjectif. Il n'est pas vrai que le fondement du droit se trouve dans la volonté mais dans l'intérêt que cette volonté représente : « ce que le droit veut quand il sanctionne une volonté, ce n'est pas l'acte de volition en lui-même, c'est son contenu. On ne peut pas vouloir sans vouloir quelque chose, c'est ce quelque

---

(1) Lyon-Caen, *Condition des sociétés étrangères*, n°s 7 et s.; Aubry et Rau, I, p. 191, § 54 ; Jay, *La personnalité civile des Syndicats professionnels*.

Voyez cependant : Laurent, *Principes de droit civil*, I, n° 287 ; Fuzier, Hermann, Code civil annoté sur l'art. 7, n°s 50 et s.; Sainctelette, *Revue critique*, 1885, p. 239 et s.

(2) Michoud : *La notion de personnalité morale*, Paris, 1899, Chevalier-Marescq. — *Extrait de la Revue du droit public*, n°s 1 et 2, janvier à avril 1899.

chose qui est l'objet de la protection légale, non pas uniquement parce qu'il est voulu, mais parce qu'il est conforme à l'idéal, quel qu'il soit, que le législateur s'est formé de l'ordre et de la justice. La loi protège, non la volonté, mais l'intérêt que cette volonté représente (1).

L'intérêt est donc, d'après M. Michoud, l'élément fondamental du droit ; le titulaire du droit est l'être collectif ou individuel dans l'intérêt de qui ce droit est reconnu. « Mais cela ne veut pas dire que la volonté ne soit pas aussi dans le droit un élément essentiel ; elle est seulement un élément plus secondaire, parce qu'elle n'est pas la cause du droit et qu'elle ne réside pas nécessairement dans son titulaire (2). »

Deux conditions sont donc nécessaires pour que le droit reconnaisse la personnalité juridique du groupement : 1° un intérêt distinct et des intérêts individuels, et qui forme l'élément réel de la personnalité et 2° une volonté à qui « la puissance soit donnée par la loi de réaliser ou de ne pas réaliser le droit suivant son bon plaisir. » Cette volonté est légale et par cela même fictive. Un élément réel et un élément fictif tels sont, à notre avis, les éléments essentiels de la personnalité morale.

(1) *La notion de personnalité morale,* p. 46.
(2) *Ibid.*, p. 47.

Cette manière de voir nous semble être aussi confirmée par l'opinion de M. Laîné. Voici en quels termes s'exprime l'éminent jurisconsulte :

« L'être juridique est composé d'éléments humains, sans lesquels il ne sera pas né, dont le renouvellement incessant lui donnera la durée, dont la force ou la faiblesse le rendra fort ou débile, et dont la disparition, s'ils viennent à se dissoudre, le fera rentrer dans le néant. *Assurément il a fallu la volonté et la puissance de la loi pour conférer à cet être la vie juridique; c'est pourquoi ce n'est qu'une personne civile. Mais de son côté la loi n'aurait pu rien faire si elle n'avait pas eu sous la main la matière humaine qu'elle a mise en œuvre* », et plus loin, « *les personnes morales ne sont que des modalités des personnes physiques.* »

Voici aussi en quels termes s'exprime M. Saleilles dans une remarquable étude sur le *Domaine public à Rome et son application en matière artistique* (1) : « Aujourd'hui toute société nous apparaît comme un faisceau d'intérêts particuliers unis pour la réalisation d'un but commun : la résultante se présente à nous comme une volonté idéale et unique, représentant l'intérêt général qui s'en dégage et servant de fondement à tous les actes de la vie juridique : c'est à peine si l'on peut encore attribuer le caractère de fiction à une conception de ce genre, car très certai-

---

(1) *Revue de droit international privé*, 1893, p. 279.

nement cette volonté idéale, correspondant à la part d'intérêts communs qui se retrouvent chez chacun des ayants-droit, est supposée exister réellement chez tous, et devrait s'y trouver à coup sûr si tous étaient suffisamment éclairés et pouvaient avoir la claire vue de ce qui revient et convient à l'ensemble : quoi qu'il en soit, il y a bien réellement chez chacun comme un dédoublement de la volonté et du sujet juridique : l'un qui concerne l'individu seul, l'autre qui se considère comme membre d'une collectivité et qui agit comme partie de l'ensemble ; rien de plus concret que toutes ces choses, ce sont des faits intimes, qui relèvent de l'analyse psychologique, autant que de l'analyse juridique : *une seule chose reste en défaut, c'est de donner une expression et des organes à cette volonté commune et unique que chacun porte en soi et représente pour sa part ; c'est en cela et à cet égard seulement que la personne morale peut être considérée et dite artificielle et de création juridique : au fond elle existe à l'état virtuel, elle est de droit naturel et n'a rien de fictif.* »

CHAPITRE II

DE LA PERSONNALITÉ MORALE DES SOCIÉTÉS

Section I

IMPORTANCE DE LA PERSONNALITÉ DES SOCIÉTÉS ET CRITÉRIUM DE LEUR DIVISION EN SOCIÉTÉS CIVILES ET EN SOCIÉTÉS COMMERCIALES.

Dans le présent chapitre nous allons rechercher quelles sont les sociétés qui sont revêtues de la personnalité morale. Si la difficulté n'est pas grande en ce qui concerne les sociétés commerciales qui ont en faveur de leur personnalité tant l'ancien droit que plusieurs dispositions de la loi civile, la question devient, au contraire, délicate quand il s'agit de savoir si la personnalité existe en faveur des sociétés civiles ou des sociétés civiles à formes commerciales.

Pour montrer l'importance qui s'attache à la résolution de ce triple problème, nous nous proposons de rappeler les conséquences qui découlent de la personnalité morale :

1° Si la société est revêtue de la personnalité, elle

aura, pendant toute sa durée, la propriété du patrimoine social et les associés n'auront sur lui aucun droit de propriété indivise. Par une conséquence directe de ce principe, les parts d'associés, actions ou intérêts, doivent toujours être considérées comme des meubles quand même des immeubles dépendraient de l'entreprise, et cela est vrai même jusqu'à la fin de la liquidation qui suit la dissolution de la société (1).

2° La société constituant une personne distincte de celle des associés, la compensation ne peut être opposée par un associé à un de ses créanciers à raison de ce que celui-ci doit à la société (2), et inversement la société poursuivie par un créancier ne peut lui opposer la compensation à raison de ce que celui-ci doit à un de ses membres, à moins que ce dernier ne délègue ses droits à la société (3).

3° La société ayant son propre patrimoine, ses créanciers, en vertu de leur droit de gage, auront un droit de préférence par rapport aux créanciers des associés qui ne pourront rien prétendre avant le désintéressement des premiers. La Cour de cassation, dans un arrêt du 23 février 1891 (4), a fait une

(1) Lyon-Caen et Renault, II, n. 108 ; Aubry et Rau, II, § 165 ; Demolombe, IX, p. 415.

(2) Lyon-Caen et Renault, II, n° 116.

(3) Tribunal de Perpignan, 13 mai 1894. Journal *La Loi*, du 20 juin 1885.

(4) Sirey, 1892, 1, 73.

application de ce principe aux sociétés civiles qu'elle considère comme investies de la personnalité.

4° La société, personne morale, a son domicile au lieu de son principal établissement et elle peut être assignée en justice dans la personne de ses gérants, sans qu'il soit nécessaire de mentionner dans l'acte de procédure les noms et domiciles des membres qui la composent. La Cour de cassation, dans un arrêt du 2 mars 1892 (1), a validé la modification d'un appel par copie unique à l'avoué d'une société civile qu'elle considère comme investie de la personnalité morale (2).

Nous venons de voir l'importance qui s'attache à

---

(1) Sirey, 1892. 1. 73.

(2) Il est vrai cependant de dire que la Cour de cassation n'admet pas cette conséquence comme un apanage réservé seulement à la complète personnalité civile car, dans un arrêt de 1894 (S. 94. 1. 129 et la note de M. Lyon-Caen) tout en refusant le droit de recevoir des libéralités aux sociétés de courses, qui sont des associations, dans le sens strict du mot, et non pas des sociétés comme l'entend l'art. 1832, C. civ., et qui ne sont par suite investies de la personnalité morale qu'autant qu'elles ont été autorisées par un décret ou même par une loi ; la Cour de cassation leur a cependant reconnu le droit d'être représentées en justice par l'intermédiaire de leurs gérants-administrateurs.

Cette solution est vivement contestée : « Nous ferons remarquer, disent MM. Lyon-Caen et Renault, que le droit de se faire représenter par un mandataire est pour une association une conséquence de la personnalité civile et l'on ne saurait, sans tomber dans l'arbitraire, prétendre qu'une association doit bien être considérée comme une personne civile au point de vue de la représentation en justice, non de la capacité d'acquérir. » Lyon-Caen et Renault, *Traité de droit commercial*, II, p. 100.

la personnalité, il importe de bien distinguer entre les deux principales variétés qu'elles présentent : les sociétés civiles et les sociétés commerciales. Les dernières, quoique régies par le droit civil, comme les sociétés civiles, ne lui sont cependant soumises que sur les points qui n'ont rien de contraire aux lois et usages du commerce.

A côté du droit civil il y a donc un droit dérogatoire, spécial aux sociétés commerciales et c'est pour cette cause que nous allons rencontrer une différence considérable entre les deux espèces de sociétés. Les sociétés commerciales, sauf la société en participation, constituent des personnes morales. Pour les sociétés civiles, quoique la jurisprudence leur ait reconnu la personnalité, la question de leur situation juridique est encore dans le domaine de la discussion. L'opinion qui leur refuse la personnalité est celle qui, à notre avis, comme nous aurons l'occasion de le montrer plus loin, est assise sur la base la plus juridique, en conformité avec la tradition et les dispositions du Code civil.

Après avoir vu l'importance qui s'attache, au point de vue de la personnalité, à la distinction des sociétés civiles et commerciales, nous allons rechercher le critérium de leur distinction pour bien tracer la limite de séparation entre les deux grandes divisions des sociétés.

D'après l'avis presque unanime des auteurs, on

doit suivre ici la règle qui sert à distinguer les commerçants et les non commerçants. C'est ainsi que toutes les sociétés, tendant à des opérations qui rendent un individu commerçant, seront commerciales ; or, conformément à l'article 1ᵉʳ du code de commerce, est commerçant celui qui fait des actes de commerce sa profession habituelle. Et comme il y a des non commerçants qui font des opérations commerciales, de même on peut supposer des sociétés civiles faisant des opérations commerciales et inversement des sociétés commerciales faisant des opérations civiles ; dans tous ces cas le critérium de la distinction se tire de la nature des opérations les plus fréquentes et les plus importantes (1).

Ainsi, nous venons de voir que ce n'est ni la forme (2) ni la qualification que les parties ont données à leur Société qui impriment le caractère civil ou commercial, c'est l'objet ou le but de la Société qui en détermine la nature (3). « Il en est d'une So-

---

(1) Lyon-Caen et Renault. *Traité de droit commercial*, II, n° 124.

(2) La loi du 1ᵉʳ août 1893 a apporté une dérogation à ce principe relativement aux sociétés civiles qui prennent la forme d'une société anonyme ou en commandite.

(3) Lyon-Caen et Renault : *Traité de droit commercial*, II, n° 91 ; Boistel : *Précis de droit commercial*, n° 165 *bis* ; Thaller : *Traité élémentaire de Droit Commercial*, n° 241, p. 155. Pont : *Sociétés civiles et commerciales*, I, n° 104 et s. ; Vavasseur : *Traité des sociétés civiles et commerciales*, I, n° 11 ; Aubry et Rau : *Cours de droit civil français*, 4ᵉ éd., IV, § 379, p. 554 ; Guillouard : *Traité du contrat de société*, n° 92 ; Houpin : *Sociétés civiles et commerciales*, I, n° 67.

ciété comme d'un individu. Ses dehors n'ont pas d'action sur sa nature juridique et sur la catégorie dont elle dépend. Si le commerçant est celui qui exerce professionnellement des actes de commerce sans égard aux apparences dont il s'environne, il y a parité de situation pour les sociétés. La société de commerce est celle qui poursuit des *opérations commerciales* dans des conditions semblables. Toute autre société est civile (1). » C'est ainsi que les juges appelés à statuer sur la nature civile ou commerciale d'une société auront à examiner la nature de l'objet de l'association, de voir si les opérations de l'association peuvent rentrer dans les limites tracées par les articles 632 et 633 du code commercial.

Nous dirons pour conclure que c'est le caractère des opérations qui détermine la nature de la société. La volonté des parties, comme l'ont soutenu quelques auteurs (2), est impuissante à changer la nature civile ou commerciale des opérations ; la détermination exacte de ce qui est ou n'est pas commercial se lie en effet trop exactement à l'ordre public pour qu'il soit loisible aux parties de déroger par leurs conventions (3).

---

(1) Thaller : *Traité élémentaire de droit commercial*, 2ᵉ éd., n° 241, p. 155.

(2) Troplong : *Sociétés*, I, n. 320, p. 305.

(3) C'est ainsi que la Cour de cassation a déclaré commerciale une société formée par des spéculateurs qui, pour échapper aux

Mais, le principe que nous venons d'énoncer souffre une restriction considérable depuis la loi du 1er août 1893 ; l'adoption des formes des sociétés par actions imprime aux sociétés, quel que soit leur objet, le caractère commercial ; ce n'est donc plus l'objet mais au contraire la forme voulue par les associés qui déterminera le caractère de la société.

Section II

DE LA PERSONNALITÉ DES SOCIÉTÉS CIVILES

Après avoir montré l'intérêt qui s'attache à la personnalité des sociétés, nous allons rechercher la solution du problème de la personnalité des sociétés civiles en examinant la législation romaine, celle du moyen âge et de l'ancien droit, car en suivant la notion juridique de la personnalité à travers le passé, nous pourrons nous rendre un compte exact de ce qu'elle était à la veille de la rédaction du Code civil. Alors la question sera tranchée. Les rédacteurs du

---

effets de la loi commerciale, avaient imaginé de transformer les opérations de banque en opérations civiles sur des immeubles. On avait donné à la société le nom de *Banque territoriale*. Elle avait pour but avoué d'acheter des immeubles à réméré aux propriétaires, aux agriculteurs, etc. En réalité le but était de faire des prêts et les ventes consenties n'étaient que la garantie de ces prêts. Cass., 22 mars 1808 ; Dalloz : *Contrainte par corps*, p. 756.

Code n'ayant fait, ni dans leurs discussions (1) ni dans leurs rapports, aucune allusion à la personnalité des sociétés civiles, il est évident qu'ils ont voulu conserver les mêmes principes qui dominaient autrefois. Si nous nous éloignons dans le passé et que nous considérions la législation romaine, nous voyons se dégager un esprit de méfiance de la part de l'Etat envers tout esprit d'association. Cette conduite est d'ailleurs justifiée par les troubles sanglants des dernières années de la république (2).

Plusieurs textes du Digeste nous montrent l'autorité impériale et le sénat intervenant pour accorder le *corpus*, le droit de s'associer. Ainsi la loi 1, *principium*, D. *quod cujuscunque universitatis* 3, 4 est ainsi conçue : « *Neque societas, neque collegium, neque hujusmodi corpus passim omnibus haberi congeditur ; nam et legibus et senatus consultis, et principalibus constitutionibus ea res cœrcetur. Paucis admodum in causis concessa sunt hujusmodi corpora, ut ecce vectigalium publicorum sociis permis-*

---

(1) On a cité souvent à l'appui de la personnalité des sociétés civiles les paroles du tribun Gillet : « Au reste quelle que soit la formation de la société, il est aisé de sentir qu'elle devient un être collectif dont les relations diverses ont dû être déterminées par autant de règles différentes. Premièrement, rapports de la société avec les choses qui en sont l'objet. De là la nécessité d'indiquer à quelle époque et à quelles conditions ces choses sortent de la propriété particulière de l'associé pour entrer dans le domaine de la société. » Il faut remarquer que c'est une opinion personnelle, dénuée de toute valeur.

(2) Mommsen, *Histoire romaine*, trad. Alexandre, VII, p. 124.

sum est et corpus habere, vel auri fodinarum, vel argenti fodinarum et solidarum, etc. »

Ainsi on voit que la personnalité, qui était implicitement liée au droit de s'associer (1), n'existait qu'au profit de certaines sociétés privilégiées telles que les sociétés de publicains pour la perception des impôts ou celles qui avaient pour but l'exploitation des mines. Des constitutions impériales et des sénatus consultes ont reconnu le même droit aux corporations de bateliers, de boulangers et de forgerons, à Rome et dans les provinces.

Les sociétés qui se formaient sans aucune autorisation étaient régies par les règles de la communauté ordinaire. Le fonds social était la copropriété indivise du fonds social.

La loi 13 § 1, D. *præscriptis verbis* 19, 5, confirme ce que nous venons de dire. Elle contient cette phrase : « *nemo societatem contrahendo rei suae dominus esse dessinit* », d'où l'on voit que celui qui met une chose en société ne cesse pas entièrement d'en être propriétaire, mais seulement pour une part en la rendant commune. C'est aussi ce qu'exprime la loi 13, D. *Pro socio* : « *Nemo ex sociis plus parte sua potest alienare etsi totorum bonorum sint* ». L'associé peut vendre

---

(1) Mommsen, *Collegium et sodalicium Romanorum* VI § 17 ; Saleilles, *Histoire des sociétés en commandites, Annales de droit commercial*, 1895, p. 77 ; Vauthier, *Personnes morales*, p. 290 ; Girard, *Droit romain*, p. 227.

sa part : les associés sont donc copropriétaires du fonds social. Si la société était investie de la personnalité, les associés n'auraient aucun droit de propriété.

Il serait téméraire, en présence de textes aussi formels, d'invoquer quelques expressions employées par les jurisconsultes romains, pour soutenir la personnalité morale des sociétés civiles.

On a invoqué notamment la loi 22, D. *de fidejussoribus et mandatoribus*, 46, 1 : «.... *hereditas personae vicae fungitur, sicuti municipium et decurio et societas*. Ainsi on voit la société investie de la personnalité comme l'hérédité, le municipe ou la décurie. Cette idée semble fortifiée par la loi 3, § 4, D. *de bonorum possessionibus*, 3, 7 : « *A municipibus et societatibus, et decuriis et corporibus bonorum possessio agnosci potest* ». Ici le jurisconsulte Ulpien place sur la même ligne les sociétés, les municipes et les décuries car tous peuvent réclamer la *bonorum possessio*.

On invoque encore à l'appui de cette thèse la loi 65, § 14, D. *pro socio*, 17, 2 : « *Si communis pecunia penes aliquem sociorum sit, et aliqui sociorum quid absit, cum eo solo agendum penes quem ea pecunia sit, qua deducta, de reliquo quod debetur omnes agere possunt* ». Ce texte nous montre qu'un associé, créancier de la société, doit s'adresser, non pas individuellement à chaque coassocié, mais à la caisse commune, à la caisse sociale, ce qui est une preuve de plus, d'après les partisans de ce système en faveur de la personnalité.

Ces textes, au lieu d'être un argument en faveur du principe de la personnalité, sont plutôt favorables à la thèse contraire. Car pour rendre conciliables entre elles les dispositions du Digeste, qui semblent si contradictoires, on doit admettre que les sociétés n'étaient investies de la personnalité civile que dans certains cas exceptionnels. Les textes invoqués à l'encontre de notre opinion se refèrent précisément à ces cas exceptionels.

Au siècle dernier la conception romaine de la personnalité morale est très nettement établie. La personnalité était implicitement liée au droit de s'associer qui était concédé en vertu des congés et lettres du roi.

« On a toujours tenu pour maxime indubitable, dit Ferrière, que personne ne peut établir aucune congrégation, corps, collège ou communauté sans congé et lettre du roi » (1).

On ne pouvait donc pas constituer une personnalité par le simple contrat de société, car nous voyons que l'autorisation du pouvoir suprême était nécessaire sans distinction entre les personnes morales publiques et les personnes morales privées.

Pothier confirme les mêmes principes dans son *Traité des Sociétés*. Parlant de la différence qui existe entre la société et la communauté, il dit que la

---

(1) Ferrière, *Dictionnaire de droit et de pratique*. V. Communauté.

première découle d'un contrat tandis que la seconde découle d'un quasi-contrat (1) et il ne parle jamais de la personnalité des sociétés. Si la personnalité existait au profit des sociétés, il serait difficile de s'expliquer comment cet auteur a pu négliger une aussi notable différence.

D'ailleur Pothier considère comme erronée l'opinion exprimée dans les *Conférences de Paris* que « dans la société le capital que chacun des associés y met n'est pas commun et qu'il n'y a à proprement parler que le gain qui soit commun ».

« L'auteur des *Conférences*, ajoute Pothier, pour établir ce paradoxe cite les termes de la loi 13 § 1, D. *prescriptis verbis* 19, 5 : *Nemo societatem contrahendo rei suae Dominus esse dessinit*. Cet auteur n'a pas entendu l'espèce de ce paragraphe. Le propriétaire d'un terrain vous l'avait aliéné en entier, à la charge qu'après que vous l'auriez bâti, vous lui retrocéderiez une partie de ce terrain bâti ; Julien demande quelle espèce de contrat renferme cette convention. Il dit que ce n'est pas un contrat de société parce qu'il avait aliéné en entier ce terrain et que *nemo societatem contrahendo rei suae Dominus esse dessinit*, c'est-à-dire que celui qui met une chose en société ne cesse pas entièrement d'en être propriétaire, mais seulement pour une part qu'il transfère à son associé en la

---

(1) Pothier, *Traité du Contrat de Société* n° 1 et 2.

rendant commune ; et il ajoute, à la fin, que ce serait un contrat de société s'il ne vous l'eût aliéné que pour partie (1) ».

Ainsi il se dégage clairement de cette explication donnée par Pothier que dans une société le capital social est commun ce qui est un signe visible de non-personnalité.

Pothier dans son *Traité des personnes* (2) nous parle de la nécessité de l'autorisation royale pour l'existence d'une personne morale et il ajoute : « les corps et communautés établis suivant les lois du royaume sont considérés dans l'Etat comme tenant lieu de personnes : *veluti personam sustinent* ».

On arrive à conclure que la personnalité morale était dans l'ancien droit ce qu'elle était à Rome : elle était implicitement liée au droit de s'associer qui n'était qu'une exception, une faveur accordée par le pouvoir royal.

Nous croyons avoir suffisamment prouvé que l'ancien droit n'admettait pas la personnalité des sociétés civiles. Cependant on a soutenu que les rédacteurs du code ont innové sur ce point et on a prétendu en trouver la preuve dans plusieurs dispositions du Code civil. Ainsi les articles 1845, 1846, 1851, 1859, 1867, etc. parlent de la société comme

(1) Pothier, *Traité du Contrat de Société*, n° 3, p. 519.
(2) Pothier, *Traité des Personnes*, n° 210, édit. Bugnet, IV. p. 78.

propriétaire, débitrice, créancière et on en a conclu, à cause de la généralité de l'expression, que les sociétés civiles sont comme les sociétés commerciales des personnes morales, car c'est seulement dans ce cas qu'elles peuvent exercer des droits et être tenues à des obligations. Mais il faut remarquer que dans toute société il peut y avoir opposition entre les intérêts individuels de chaque associé et les intérêts communs de tous les associés pris collectivement. Le législateur s'est servi du mot « société » pour désigner seulement ces intérêts communs. Ce qui le prouve c'est que cette expression est remplacée par celle « d'associés » quand il s'agit des engagements d'associés à l'égard de tiers (1). D'ailleurs il fallait que l'expression « société » se trouvât dans ce cas car c'est dans les rapports des associés avec les tiers que la personnalité devient nécessaire.

Pothier, l'inspirateur des rédacteurs du Code civil, qui l'ont suivi presque fidèlement en cette matière, emploie des expressions semblables (2) et cependant, comme nous l'avons vu, il n'admettait pas la personnalité des sociétés civiles.

En ce qui concerne les dettes et les créances de la société, la loi les considère comme grévant la part de

---

(1) Art. 1862 à 1864. Voyez Boistel, *Précis de droit commercial*, n° 153, p. 126 ; Pont, *Sociétés civiles et commerciales* n° 126.

(2) Pothier, *Contrat de Société*, n° 36, 37, 38, 41, 42 et 52.

chaque associé, ce qui est incompatible avec le principe de la personnalité.

L'article 1849, qui dispose que l'associé qui a reçu sa part entière de la créance commune est obligé de la rapporter à la masse si le débiteur devient plus tard insolvable, a été souvent invoqué en faveur de la personnalité, car, dit-on, si chaque associé a un droit de propriété indivise, chacun aurait un droit dans les créances communes et rien ne l'empêcherait de recevoir sa part. Nous croyons au contraire que l'article 1849, en obligeant l'associé à un simple règlement de compte avec la société, tient pour valable le paiement qui lui a été fait, ce qui ne peut pas se concevoir si la société était investie de la personnalité. Dans ce cas elle aurait poursuivi l'associé, après avoir dirigé l'action contre le débiteur insolvable, mais elle aurait eu le même sort que les autres créanciers, car autrement on créerait à son profit un véritable privilège.

La véritable idée inspiratrice de l'article 1849 est une idée de protection des intérêts communs : on a voulu, comme dans l'article 1848, qu'un associé ne sacrifiât pas les intérêts communs aux siens propres en s'intéressant seulement pour sa part dans la créance commune.

Les dettes de la société peuvent aussi être exigées de chacun des associés. L'article 1863 accorde aux créanciers sociaux une action personnelle et distincte contre chacun des coassociés, ce qui ne peut pas être conçu si les sociétés civiles étaient investies de la personnalité car, dans ce cas, on n'aurait eu qu'une seule action personnelle dirigée contre la société, personne morale.

On s'appuie encore, pour soutenir la personnalité des sociétés civiles, sur les dispositions de l'article 1860 qui défend à l'associé non administrateur d'aliéner, même pour sa part, les biens dépendant de la société.

Le législateur a introduit cette disposition, quoiqu'elle fût contraire à l'esprit du droit romain (1) et de l'ancien droit (2), uniquement pour prévenir les abus qu'un associé aurait pu commettre vis-à-vis de ses co-associés. Permettre à chacun des associés de vendre, quand bon lui semble, sa part dans un bien social, ce serait entraver la marche de la société, ce serait porter un obstacle à la réalisation du but commun.

L'article 529 a été aussi invoqué. On a prétendu que puisque le législateur nous parle des *compagnies de commerce* ou *d'industrie* c'est que les dernières ne sont pas des sociétés commerciales car autrement elles auraient été comprises dans l'expression de « *compagnies de commerce* ». Et comme, d'autre part, l'article déclare meubles les actions ou intérêts bien que des

---

(1) Loi 68, D. *Pro socio*,
(2) Pothier, Société n° 89.

immeubles dépendent de la société, on en a conclu à la personnalité des sociétés civiles. Mais il faut remarquer que le texte mentionne aussi les *sociétés de finance* qui sont reconnues par tous comme ayant un caractère commercial et cependant on ne les a pas comprises dans l'expression de *compagnies de commerce*. Il se peut donc très bien que les compagnies d'industrie aient le caractère commercial (1), d'autant plus qu'au moment de la rédaction du Code civil on ne savait pas exactement quel devait être, d'après le Code de commerce, le critérium de la commercialité.

La discussion qui a eu lieu au Conseil d'Etat sur l'article 529 entre MM. Cambacérès et Tronchet (2) prouve que la règle énoncée dans cet article ne vise pas les sociétés civiles. Les rédacteurs du Code ont voulu simplement déterminer la nature de l'action ou de l'intérêt et ils ont décidé que les actions ou intérêts ont une nature mobilière, bien que des immeubles dépendent de l'entreprise, toutes les fois qu'il s'agit d'une société revêtue de la personnalité ; mais ils n'ont pas cherché à préciser, à déterminer les cas où cette personnalité existe, où les intérêts personnels s'effacent devant ceux de l'être collectif ; ce soin

---

(1) La rédaction de l'art. 529 est aussi en faveur de notre opinion. L'article dit : « compagnies de commerce ou d'industrie ». S'il s'agissait de deux notions très distinctes on aurait dit : « compagnies de commerce et d'industrie ».

(2) Locré, *Législation civile,* VIII, p. 15.

semble être réservé aux discussions postérieures, ou, tout au moins, aux rédacteurs du Code de commerce.

La loi du 21 avril 1810, qui dans son article 8 attribue la personnalité aux sociétés formées pour l'exploitation des mines, est encore un puissant argument au principe de la non personnalité des sociétés civiles. Car si toutes les sociétés étaient investies de la personnalité, comprendrait-on que le législateur ait pris soin d'exprimer encore ce principe dans un cas particulier ?

L'article 69 C. pr. porte que les sociétés de commerce, tant qu'elles existent, seront assignées dans leur maison sociale, et s'il n'y en a pas, en la personne et au domicile de l'un des associés. Cette disposition, toute en faveur des sociétés commerciales, car elle est refusée aux sociétés civiles, ne peut s'expliquer que par le caractère de personnalité morale que revêtent les premières et qui est refusé aux secondes. Cette explication est d'ailleurs confirmée par les travaux préparatoires : il a été dit au Conseil d'Etat que « la loi ne peut avoir en vue qu'une société considérée comme un être moral et collectif. »

Il reste enfin une dernière considération à faire valoir et elle a son importance pour démontrer que les sociétés civiles sont dénuées de la personnalité morale : « Un principe essentiel au crédit public, dit notre savant maître M. Boistel, est que tous les créanciers d'un même débiteur concourent au marc le franc sur tous ses biens (a. 2. 093 C. civ.) En matière commerciale, on déroge à ce principe au profit des créanciers sociaux, mais moyennant des conditions de publicité destinées à prévenir les tiers. Aucune publicité de ce genre n'étant organisée pour les sociétés civiles, les créanciers des associés seraient gravement lésés par le droit de préférence des créanciers sociaux et le crédit public serait profondément atteint (1). »

La doctrine a beaucoup varié en cette matière si difficile et si complexe de la personnalité des sociétés civiles. Dans la première moitié de ce siècle elle inclinait plutôt vers le principe de la personnalité de toutes les sociétés. M. Troplong présenta et développa ce système et la haute autorité de sa parole semblait avoir fait sortir la question du domaine de la discussion. En 1854, M. Thiry, dans un remarquable article paru dans la *Revue critique de législation*, présenta le système opposé de la non personnalité. Avec des arguments puisés dans le droit romain et dans les écrits des auteurs du siècle dernier, il démontre que ni le droit romain ni l'ancien droit n'avaient reconnu aux sociétés civiles une personnalité distincte de celle de leurs membres, et que dès lors il était impossible

---

(1) Boistel, Principes de droit commercial; Cf. Cassagne, La personnalité morale des sociétés civiles et commerciales p. 194; notes de M. Lyon-Caen et de M. Meynial dans Sirey, 1888. 1. 161 et 1892, 1. 73.

de l'admettre dans le droit moderne car aucun texte du code ne la leur reconnaît formellement.

Ce principe est aujourd'hui presque unanimement reconnu en doctrine (1) ; il est cependant repoussé par les derniers arrêts de la jurisprudence.

État de la jurisprudence. — La jurisprudence présente beaucoup de variations, beaucoup d'incertitudes et quelquefois même beaucoup d'inconséquences.

---

(1) MM. Lyon-Caen et Renault, *Manuel de Droit commercial*, I, n° 290 et *Traité de Droit commercial*, II, p. 101, n° 126 et suiv., Boistel ; *Principes de Droit commercial*, n° 163 et suiv. ; Pont, *Des Sociétés civiles et commerciales*, I, n° 126 ; Laurent, *Principes de Droit civil français*, XXVI, n° 181 et suiv.; Aubry et Rau, *Cours de Droit civil français*, 4ᵉ éd., IV, § 377. p. 546, texte et note 14 ; Demangeat sur Bravard, |*Traité de Droit commercial*, I, p. 174, note 1 ; Toullier, *Le Droit civil français*, XII, n° 82 ; Rodière et Pont, *Traité du Contrat de mariage*, I, n° 334 ; Thiry, *Revue critique de législation*, 1854, V, p. 412 et 1855, VII, p. 289 ; Beaudry-Lacantinerie, *Principes de Droit civil*, III, p. 459, n° 760 et aussi son *Traité de Droit civil ;* Rouben de Couder, *Dictionnaire de Droit commercial, industriel et maritime*, v. Société, n° 97, p. 234 ; Loynes, notes sous cassation, 23 février 1891 et 2 mars 1892, dans Sirey 92, I, 73 et 92 I, 497 ; Labbé, notes sous cassation, 22 février 1883, dans Sirey, 1884, I, 361 ; Guillouard, *Traité du Contrat de Société*, nᵒˢ 24 et 26.

Contra : MM. Thaller, *Traité élémentaire de Droit commercial*, 2ᵉ éd., p. 178 ; Troplong, *Du Contrat de Société*, I, p. 75, n° 78 et suiv.; Duranton, *Droit civil*, XVII, n° 334 et 388 : Pardessus, *Cours de Droit commercial*, III, p. 14, nᵒˢ 975 et 976 ; Bédaride, *Traité des Sociétés*, n° 9, p. 15 ; Haupin, *Traité théorique et pratique des Sociétés par actions*, I, p. 10, n° 8, texte et note 5 ; Massé et Verger sur Zachariae, IV, § 719, note 10 ; Vavasseur, *Traité des Sociétés civiles et commerciales*, 4ᵉ éd., I, p. 24, n° 247 *bis* ; Toullier, *Théorie du Code civil*, VI, p. 383 ; Proudhon, *Traité des droits d'usufruit*, IV. p. 218, n° 2065 ; Duvergier, *Droit civil français*, XX, p. 448, n° 381 et 382.

Ainsi quoique la Cour de Cassation se soit prononcée pour la première fois, dans le sens de l'affirmative, dans son arrêt du 8 novembre 1836, elle a cependant hésité à attribuer à la personnalité les caractères qu'elle comporte en réalité, car elle décide que l'assignation de la société doit être faite au nom de tous les membres : « Attendu en droit que la société civile est, sans doute, comme la société de commerce, un être moral, dont les intérêts sont distincts de ceux de chacun de ses membres.... mais on ne peut en conclure qu'il est permis à cet être moral d'agir au nom collectif sans donner même l'indication des noms et domiciles de ses membres.... » La Cour suprême appuie cette solution d'une part sur les articles 1862 et 1863 C. civ., d'où il résulte que les associés ne sont pas solidairement tenus de dettes sociales, d'autre part sur l'article 61 C. pr. civ. qui porte que l'exploit d'ajournement doit contenir les noms, profession et domicile du demandeur ainsi que les noms et domicile du défendeur. L'article 69, C. pr. civ. formule une exception à ce principe mais seulement en faveur des sociétés commerciales. Pour toutes ces considérations la Cour suprême conclut que les sociétés civiles restent soumises au droit commun et aux dispositions impératives de l'article 61, C. pr. civ. (1).

Cette solution n'est pas juridiquement fondée car,

---

(1) Dans le même sens : Cas. 26 mai 1841, S. 41, 1, 483 et Cass. 1854, S. 54, 1, 489.

une fois qu'on admet la personnalité au profit des sociétés civiles, on doit leur reconnaître le droit d'être représentées en justice par l'intermédiaire de leurs gérants-administrateurs.

C'est seulement en 1865 (1) que la cour suprême, désireuse de simplifier les formalités de procédure, qui entravaient la marche des actions à exercer, décide, mais sans se prononcer sur la question de principe, que les sociétés civiles peuvent être représentées en justice par l'intermédiaire de leurs administrateurs. Il faut remarquer que ce droit n'est pas reconnu d'une manière générale aux administrateurs de toutes les sociétés civiles mais seulement à ceux qui, dans les statuts, avaient reçu mandat exprès de la part des associés de les représenter en justice (2).

Cette distinction admise par la jurisprudence conduit à supposer qu'elle reconnaissait la personnalité aux sociétés qui, par leurs statuts ont reçu une administration spéciale et qu'elle la refusait dans le cas contraire (3).

Il y avait cependant des sociétés civiles auxquelles la personnalité était reconnue d'une manière générale : 1° les sociétés civiles à capital variable en consi-

---

(1) Cas. 18 novembre, Sirey, 1866, 1, 415.

(2) C'est dans ce sens que la Cour de Douai a toujours décidé et l'on peut citer plusieurs décisions de la Cour de Paris : D. P. 49, 2, 180 ; D. P. 78, 2, 257 ; D. P. 83, 2, 1.

(3) *Gazette des Tribunaux*, 26 avril 1878.

dération de l'article 53 de la loi du 24 juillet 1867, applicable à toutes les sociétés à capital variable et 2° les sociétés civiles à formes commerciales (1).

Les choses en étaient là quand récemment la Cour de cassation est revenue sur la question en proclamant par deux arrêts la personnalité de toutes les sociétés civiles (2).

Le premier arrêt, du 23 février 1891, a trait au droit des créanciers sociaux de se faire payer sur les biens de la société par préférence aux créanciers personnels des associés.

» Attendu qu'il est de l'essence des sociétés civiles aussi bien que des sociétés commerciales de créer, au profit de l'individualité collective, des intérêts et des droits propres et distincts des intérêts et des droits de chacun de ses membres ; que les textes du Code civil, notamment les articles 1850, 1852, 1867, 1845, 1846, 1847, 1848, 1855, 1859, personnifient la société d'une manière expresse, en n'établissant jamais des rapports d'associé à associé, et en mettant toujours les associés en rapport avec la société ; que les sociétés civiles constituent, tant qu'elles durent,

---

(1) D. 55, 1, 41 ; D. 57, 1, 201 ; D. 61, 2, 29.

(2) Cass., 23 février 1891, D. 1891. 1. 337; S. 92. 1. 73; Cass. 2 mars 1892, S. 92. 1. 497; D. 93. 1. 169. Dans le même sens Cour d'Aix, 10 juillet 1889 et celle de Grenoble 9 décembre 1890, trib. civ. Grasse, 3 novembre 1890, *Pandectes françaises*, 1898, 1, 301 et aussi trib. civ. Seine 10 novembre 91 ib. 93. 2. 123.

une personne morale, laquelle est propriétaire du fond social ; que par suite.... »

Dans l'autre arrêt, du 2 mars 1892, la cour valide la notification d'un appel par copie unique à l'avoué de la société :

» Attendu en droit que les sociétés civiles, tant qu'elles durent, constituent comme les sociétés commerciales des êtres moraux qui sont propriétaires du fond social... ».

Ces deux arrêts ont tranché d'une façon générale et en quelque sorte doctrinale la question de la personnalité des sociétés civiles.

Dans un récent arrêt, du 22 février 1898, la Cour suprême maintient la jurisprudence qui affirme la personnalité juridique des sociétés civiles :

» Attendu que la dite société, non sujette, en ce qu'elle n'était pas commerciale, à l'application des articles 55 et 56 de la loi du 24 juillet 1867, a pris, par le seul effet de la convention des parties, le caractère d'une personne morale, capable d'acquérir et de posséder en propre un patrimoine distinct des biens de chacun des associés (1) ».

Quoique cette solution doive être condamnée en théorie pure (2), il faut cependant reconnaître qu'elle

---

(1) *Pandectes françaises,* 1898, 1, 301.

(2) Tout récemment M. Thaller, dans la nouvelle édition de son *Traité élémentaire de droit commercial* se rallie à la solution admise par la jurisprudence : « A nos yeux la personnalité se

offre en pratique un intérêt considérable. Elle évite l'application de la règle : *Nul en France ne plaide par procureur*, et ainsi se trouve diminué le nombre des actes de procédure et celui de leur signification ; car dans une société civile, qui comptait des milliers de membres, s'il surgissait des obligations entre les administrateurs et les tiers, la justice ne pouvait être saisie autrement qu'en faisant figurer dans les actes de procédure les noms de tous les membres qui la composent.

A côté de ce grand avantage, qui facilite l'exercice de droits sérieux et parfois considérables, cette solution favorise encore pour les sociétés le crédit nécessaire à leur existence. Les créanciers de la société, qui ont traité avec elle en considération du patrimoine social et qui lui ont ainsi facilité son développement, ont le droit légitime d'être préférés aux créanciers personnels des associés ; bien plus, les créanciers sociaux n'auront pas à craindre de se voir

dégage de la structure du contrat des sociétés, et que cette structure est la même en droit civil et en droit commercial, nous devons en conclure que toutes les sociétés, qui se font connaître du public et qui traitent comme telles leurs affaires, sont douées de la personalité. Il n'importe qu'elles soient civiles. L'article 1860 C. civ. est la disposition d'où procède toute la théorie. Nous nous rallions donc à la dernière jurisprudence ». p. 178.

Nous ne saurions nous rallier à la théorie soutenue par le savant jurisconsulte. Nous avons consacré une partie du présent ouvrage à prouver que la simple structure du contrat de société est impuissante à expliquer les conséquences qui dérivent de la personnalité.

opposer la compensation par un associé proportionnellement à sa part dans la dette commune.

Malgré ces grands avantages, suite nécessaire de la personnalité, nous croyons avoir suffisamment montré que la solution de la jurisprudence ne peut pas être soutenue en théorie pure. La Cour suprême, appelée à statuer sur la question de savoir si une société civile peut être représentée en justice par l'intermédiaire de ses administrateurs, a cru de son devoir, pour répondre à une nécessité de la vie économique actuelle, de proclamer le principe de la personnalité pour ne pas entraver la marche regulière de sociétés civiles très puissantes comme par exemple les sociétés minières, les sociétés du Canal du Midi et du Canal de Panama.

Pour rester conforme aux véritables principes, la Cour suprême aurait pu, sans porter aucune atteinte à l'existence des sociétés civiles, leur refuser la personnalité ; car, comme le dit M. Lyon-Caen, « il aurait suffi de ne pas faire du droit d'agir par l'entremise d'un mandataire plaidant en son nom une dépendance exclusive de la personnalité civile. Ce droit pourrait, par dérogation à la règle *nul ne plaide en France par procureur*, être conféré à toutes les associations. Ainsi les associations qui ne constituent pas de personnes civiles seraient incapables d'acquérir ; mais quand elles auraient à intenter ou à soutenir un procès, un gérant ou un administrateur pourrait les représenter sans qu'il fût besoin de faire figurer les noms de tous les associés dans les actes de procédure et de signifier ses actes à chacun d'eux (1) ».

Section III.

DE LA PERSONNALITÉ DES SOCIÉTÉS COMMERCIALES.

§ I. — **Origine historique de leur personnalité morale.**

Les sociétés commerciales jouissent aujourd'hui de la personnalité morale quoique le principe de leur personnalité ne se trouve formulé expressément dans aucun texte de loi.

L'article 1873 du Code civil stipule que les dispositions établies par le Code « ne s'appliquent aux sociétés de commerce que dans les points qui n'ont rien de contraire aux lois et usages de commerce. » Or la personnalité des sociétés de commerce était la solution admise dans l'ancien droit. « Societas, disait Straccha, est corpus mysticum ex pluribus nominibus conflatum » (2). Mais comme ce texte parle des sociétés en termes généraux, on serait

---

(1) Note dans Sirey 1888. 1, p. 162. C'est dans cet esprit pratique qu'est rédigé le projet de Code de procédure civile. Voyez *Journal officiel* du 29 décembre 1885, p. 6940.

(2) Dec. Rot.-Gen., VII, IX, 10.

tenté d'attribuer indistinctement la personnalité soit aux sociétés civiles soit aux sociétés commerciales.

On pourrait écarter l'objection en disant avec Goldschmidt que l'expression *corpus mysticum* se réfère uniquement à la raison sociale, qu'elle représente la synthèse des noms des associés dans la raison sociale et qu'elle ne se réfère pas à la personne morale, à la personne créée par l'association d'individus vers un but commun (1).

Nous croyons au contraire, avec la majorité des auteurs, que l'expression *corpus mysticum* est l'équivalent de *personne morale,* car on se servait de cette expression pour désigner une entité composée, organisée. C'est ainsi qu'on s'en sert pour désigner l'Empire romain germanique. *Limonœus* dit : « *Imperator caput est imperii, principes imperii membra, imperium est corpus mysticum* » (2).

Le principe de la personnalité est aussi confirmé par Saccia et Emerigon :

« Aliud est corpus unius societatis et aliud est quilibet socius ipsius societatis » (3).

« La société est une personne civile qui a ses droits et ses attributs particuliers » (4).

---

(1) Goldschmidt, *Handbuch des Handelsrechts* t. 1. p. 289, not. 173.

(2) Limonœus, *Juris publici imperii Romano-germanici,* libri IX.

(3) Quæst., n° 450.

(4) Des Assurances, I, p. 324 et 325.

Nous dirons que ces textes visent uniquement les sociétés commerciales; car seules les sociétés commerciales avaient une *raison sociale* qui était dans l'ancien droit la condition essentielle de la personnalité.

C'est par application de la théorie de la personnalité des sociétés de commerce que le statut de Gênes considérait les biens sociaux comme le gage exclusif des créanciers de la société : « Creditores societatum mercatorum in rebus et bonis societatum praeferumtur quibuscunque aliis creditoribus et etiam dotibus » (1). Un arrêt du Parlement de Paris du 25 janvier 1677 avait consacré cette solution.

Les créanciers sociaux conservent encore le droit de préférence même après la dissolution de la société : « *Sociale negotium in abstracto consideratum perseverat* » (2). La personne morale subsistait ainsi jusqu'à l'acquittement complet du passif social.

De tout cela il ressort que la personnalité morale était reconnue aux sociétés commerciales (3). Mais

(1) Liv. IV, ch. XIII.

(2) Cassaregis, D. 146, t. III, p. 156.

(3) M. Meynial soutient que la personnalité morale était admise dans l'ancien droit, mais en droit public seulement, elle était anormale et injustifiée en droit privé : « la notion de la personnalité morale avait été étudiée dans ses détails par nos anciens auteurs ; ils la tenaient du droit romain et ne l'appliquaient qu'aux associations d'intérêt public autorisées et par conséquent elle ne régissait pas les sociétés de droit privé. » Meynial, note dans Sirey, 1892, 1. 499.

une question importante est de savoir si toutes les sociétés commerciales jouissent de la personnalité morale ; car dans le cas où nous établirions que cette qualité n'appartenait qu'à quelques-unes seulement, c'est en faveur de ces dernières seules que nous serions en droit aujourd'hui de réclamer la personnalité : le silence du législateur sur ce point prouve qu'il a voulu conserver les principes de l'ancien droit. C'est dans ce but que nous nous proposons d'étudier séparément chaque société commerciale pour connaître les caractères dont elle était revêtue autrefois.

§ II. — **Histoire des sociétés commerciales.**

1° *La société en nom collectif.*

Les sociétés commerciales sont les manifestations les plus remarquables de l'esprit d'association qui caractérisa le moyen âge. La première forme de la société commerciale fut la société en nom collectif. Elle semble avoir été créée pour faciliter les rapports avec les tiers qui étaient très difficiles quand la société comptait beaucoup de membres car tous devaient intervenir personnellement. On permit à un seul membre d'agir au nom de tous soit dans les conventions soit dans les instances judiciaires. Son nom seul était connu du public, les noms des autres étaient compris sous la désignation générale « et Compagnie » qu'on ajoutait au nom de celui qui agissait pour tous. On employait les formules « Un tel et Compagnie », « Un tel et ses associés », *et socii* « Un tel et sa société », *et cum societate sua*. Ces formules employées indistinctement s'appelaient la *raison sociale*, elles désignaient la société comme un être moral distinct des associés (1).

Enfin il y a une particularité dont on doit tenir compte. La raison sociale était primitivement plus compliquée, elle comprenait les noms de tous les associés qui s'obligeaient solidairement envers les tiers. Plus tard, pour modifier la formule qui devenait gênante quand il y avait beaucoup de membres, on l'abrégea en y laissant figurer le nom de celui que les autres chargeaient de les représenter en justice et dans leurs relations avec les tiers. Les noms des autres associés furent remplacés par la brève formule *et Compagnie* (2).

---

(1) Lyon-Caen et Renault, II, n° 152.

(2) Une question qui a donné lieu à une longue discussion est celle de savoir si tous les associés sont tenus solidairement des dettes sociales ; si les associés en nom sont mis sur le même pied d'égalité que les associés dont les noms ne figurent pas expressément dans la raison sociale.

M. Frémery cherche à établir par le Statut de Gênes, par l'autorité de Straccha et la jurisprudence italienne que la raison sociale « Un Tel et Compagnie » n'annonçait originairement qu'une société en commandite. La raison sociale avait uniquement pour but de montrer au public que « Un Tel » avait plusieurs associés qui voulaient rester inconnus pour ne pas être personnellement obligés. Ils ne pouvaient donc être tenus que jusqu'à concurrence de leur mise. « D'ailleurs, ajoute M. Frémery, comment les créanciers auraient-ils pu prétendre qu'ils avaient suivi la foi

Nous concluons que la Société en nom collectif jouissait de la personnalité morale car elle avait, comme nous venons de le voir, une raison sociale, trait essentiel de la personnalité.

d'individus dont ils n'avaient pas connu la personne et dont les pactes étaient restés secrets ? Comment admettre qu'ils avaient compté sur le crédit personnel et la solvabilité solidaire de bailleurs de fonds qui avaient voulu se tenir à l'écart et dissimuler leurs noms et dont les conventions demeurées secrètes n'avaient pu annoncer aucune pensée de solidarité ? »

« C'est ainsi, conclut cet auteur, que la formule « Un Tel et Compagnie » n'a primitivement désigné qu'une société en commandite. Plus tard, au XVIe siècle, les sociétés s'annoncèrent par des lettres circulaires. — (« *Palam proponebant conditiones et claris litteris, ut ab omnibus videri et sciri possit* ». Staccha, Rot. gen. dec. XIV, n° 12). — On pouvait dès lors connaître ceux dont les noms étaient voilés dans la raison sociale ; on fut autorisé à prendre leur personne et leur solvabilité en considération ; et lorsque le contrat ne les renfermait pas positivement dans le rôle de commanditaires, on les considérait comme des associés solidaires. Il a fallu de grands changements dans les idées et dans les habitudes pour faire de la raison sociale une source de solidarité ».

Nous croyons que cette opinion ne doit nullement prévaloir. M. Troplong a démontré l'inexactitude de cette théorie. Cet auteur invoque Bartole au XIVe siècle qui écrit que la formule « Un tel et Compagnie » était déjà ancienne et fort usuelle et que cette formule entraînait la solidarité passive de tous les associés ; car ils ont « Un Tel » pour *institor* et ils sont par suite considérés comme faisant le commerce par lui : « *Si quidem ageretur institutoria quilibet tenetur in solidum quasi per illum omnes negotiationes exerceant* ». Staccha confirme aussi cette théorie : « Dans la formule Pierre et Compagnie tous les associés sont obligés car tous sont virtuellement contenus sous ce nom collectif ».

2° *La société en commandite*

La solidarité qui était de l'essence de la société en nom collectif et le fait pour celui qui entrait dans cette société de devenir commerçant et d'être par suite exposé aux risques de la faillite, tout cela inspirait une légitime inquiétude à ceux qui voulaient participer aux spéculations commerciales.

Pour encourager les capitalistes à entrer dans les opérations de commerce, on chercha à ne pas les exposer aux dangers d'une administration inhabile et malheureuse. Dans ce but on créa la société en commandite. Dans cette société on peut réaliser des bénéfices illimités sans courir de grands risques et sans devenir commerçant. Tous les associés ne sont pas solidaires, ce sont seulement les associés gérants qui sont tenus solidairement des dettes sociales; les autres ne sont tenus que jusqu'à concurrence de leur mise.

Dans l'origine (1) on appelait *commande* ou *comman-*

---

(1) A Rome il y avait plusieurs situations qui se rapprochaient de la commandite. Elles découlaient de l'organisation de la *familia* et des liens de dépendance qui la constituaient : « Celui qui voulait employer une certaine somme en entreprises commerciales sans paraître en nom lui-même et sans s'exposer au-delà de la somme qu'il voulait risquer, n'avait qu'à remettre cette somme à titre de pécule à son fils ou à un esclave avec ordre de la faire fructifier. C'est le fils ou l'esclave qui faisait ainsi le commerce, qui agissait seul; et en général le pater familias, c'est-à-dire celui qui avait remis l'argent, ne pouvait être poursuivi, c'était du moins le cas ordinaire, que dans la mesure du pécule : sa

dite les opérations par lesquelles un particulier confiait de l'argent ou des marchandises à un négociant pour les exploiter et pour en partager les bénéfices.

Ces opérations tiraient leur nom du fait que l'associé confiait, *commendare*, à l'autre les objets ou l'argent nécessaires à l'entreprise.

On considéra d'abord que la commandite ne constituait pas une société, qu'elle participait plutôt du prêt, du mandat ou du louage de services (1). « Le contrat peut s'analyser, dit M. Saleilles, comme une sorte de mandat rémunéré ou encore comme le développement des rapports juridiques auxquels *l'actio institutoriæ* servait de sanction en droit romain (2) ».

Mais plus tard on reconnut dans ces opérations les traits essentiels de la société : le commanditaire et le commandité faisaient chacun un apport en vue de partager les bénéfices, le premier apportait la chose, le second apportait son travail ; tous les deux concouraient

responsabilité se trouvait ainsi limitée à la somme avancée. S'il s'agissait de spéculations au-delà des mers, par voie d'importation ou d'exportation, le pater familias établissait un de ceux qui dépendaient de lui comme *magister navis* ; ou bien s'il s'agissait de commerce intérieur, il en faisait un *institor ;* et le but était atteint ». Saleilles, *Histoire des sociétés en commandites, Annales du Droit commercial,* 1895, p. 14.

(1) Pardessus : *Recueil des lois maritimes,* II, p. 186, note 3.

(2) Saleilles : *Histoire des Sociétés en commandites, Annales du droit commercial,* 1895, p. 21.

en vue de l'entreprise. Ainsi on fut amené de bonne heure, comme le constatent les statuts de Pise et de Florence, à considérer comme relations sociales les relations qui unissaient le commanditaire au commandité. Le même caractère s'observe dans les établissements de Montpellier du xiiie siècle. Il est dit : « Celui qui aura pris en commandite ou en société d'une personne quelconque de l'argent ou de la marchandise pour les porter en un voyage par mer ou par terre, sera tenu, à son retour dudit voyage, de rendre compte fidèle de cette commande ou société et des profits qu'elle aura produits (1). »

Quoique les rapports entre les commandités et les commanditaires fussent considérés comme des rapports sociaux mais comme ces rapports n'étaient révélés aux tiers par aucun signe extérieur : « in quo non expeditur nomem accomodantium, sed accomodantari duntaxat (2) » ; il en résulte que dans beaucoup de cas, en cas de faillite du commandité, les commanditaires et les créanciers sociaux se présentaient sur la même ligne car tous étaient les créanciers personnels des commandités. Au contraire si la société était connue, le commanditaire aurait dû supporter sa part des dettes sociales jusqu'à concurrence de sa mise (3).

---

(1) Voyez Troplong, I, n° 381, p. 358.
(2) Cassaregis ; Voyez Troplong, n° 381 et *Préface* p. LXXI.
(3) Savary, I, p. 366 et 367.

L'ordonnance de 1673, pour remédier à cet état de choses, distingua deux sortes de commandites : celle formée entre un particulier et un marchand et celle formée entre marchands. La première n'était pas soumise au régime de la publicité. L'ordonnance ne l'exigeait pas par condescendance pour les capitaux civils qu'elle voulait attirer vers le commerce, en laissant aux capitalistes la certitude d'être ignorés du public. Au contraire la commandite formée entre négociants était soumise à des conditions déterminées. Il fallait que l'acte fût rendu public. Les noms des commandités, indéfiniment responsables, et des commanditaires, responsables seulement jusqu'à concurrence de leur mise, devaient être clairement indiqués. Mais cette deuxième forme de société ne devint pas, malgré la publicité, personne morale. Il lui manquait le caractère essentiel de la personnalité : *la raison sociale* (1). Chaque associé a ses fonctions à part, et agit séparément sous son nom particulier. « Dans les sociétés en commandite, disait Savary (2), les associés qui la composent agissent et travaillent séparément et chacun en leur nom particulier, pour le bien et avantage de cette société, sans pouvoir pourtant rien faire d'eux-mêmes sans le consentement des uns et des

---

(1) Voyez la théorie « *patrimoine d'affectation* » de M. Saleilles qui part de ce caractère essentiel des sociétés en commandites Voyez supra p. 47 Sqq.

(2) Savary, I, p. 397. 47 sqq.

autres, que ce qui a été convenu par l'acte de société ».

Si telle était l'organisation de la commandite au temps de Savary, elle changea bientôt, car elle arbora l'étendard social c'est-à-dire qu'elle se présenta au public sous une raison sociale. Ces sociétés divisèrent même leur capital social en actions. C'est ainsi que la fameuse banque royale imaginée par Law était une société en commandite par actions sous la raison *Law et compagnie* (1).

Ces développements nous permettent de conclure que la société en commandite a été revêtue, dans l'ancien droit, de la personnalité morale.

3° *Société en participation*

Le caractère distinctif de cette sorte de société c'est qu'elle restait occulte comme la société en commandite entre non commerçants mais elle s'en distinguait en ce que le commanditaire n'était tenu envers l'associé principal que jusqu'à concurrence de sa mise tandis que dans la société en participation les associés inconnus des tiers étaient personnellement responsables comme dans les autres sociétés.

La société en participation n'existe que dans les rapports entre les parties et non à l'égard des tiers.

---

(1) Troplong, I, p. 372 ; Merlin, *Répertoire*, v° *Société*, p. 674 et 675.

De là le nom de société anonyme accepté par l'ancien droit (1). C'est ce qu'exprime M. Saleilles : « Ce qui caractérise la société dite anonyme, que nous appellerons société en participation pour nous conformer au langage moderne, c'est que tout se passe entre les parties comme s'il y avait une société véritable, en ce sens que le résultat final de l'opération doit être un partage de risques et de bénéfices dans la proportion convenue, mais au point de vue des tiers la société n'existe pas : les tiers ne connaissent que le commerçant lequel est tenu en nom ; ils ne connaissent pas son associé ; ce dernier n'est pas tenu envers eux, même pas dans la mesure de son apport (2) ».

Cette société ne se manifeste sous *aucun nom*. L'associé qui agit est le seul obligé. Il est seulement obligé envers les autres associés en ce qui regarde cette société (3). « La société, dit M. Troplong, fait que toute l'affaire réside dans la personne de chaque associé ; que ce qui se fait au nom de l'un est censé fait au nom des autres ; que tout est commun, simultané, de même que dans un corps animé ce qui touche une des parties réagit sur tout l'ensemble. Au contraire, dans la participation, l'affaire est propre à celui qui agit, elle est sienne, elle est individuelle.

---

(1) Pothier, Sociétés, n° 61.
(2) Saleilles, *Annales du droit commercial*, 1895, p. 22.
(3) Savary, I, p. 368.

Seulement quand l'opération est terminée il y a à rendre compte de profits et de pertes (1) ».

La société en participation n'avait ainsi ni nom, ni raison sociale ni siège social, et elle n'était pas soumise aux formalités de publicité. Tous ces caractères nous montrent clairement qu'elle n'était pas revêtue de la personnalité morale.

4° *La société anonyme.*

Les sociétés anonymes ne furent pas inconnues au moyen âge. La Banque de Gênes, fondée en 1407, la Compagnie hollandaise des Indes orientales, fondée en 1602, sont les premiers exemples de sociétés anonymes.

En France ces sociétés étaient connues sous le nom de *compagnies.* Les caractères de ces compagnies, caractères qui ont été suivis fidèlement par le Code de commerce, sont : la division du capital en actions, l'absence de raison sociale car la société est qualifiée par l'objet de son entreprise, des administrateurs mandataires sans responsabilité personnelle et enfin des associés responsables seulement jusqu'à concurrence de leurs mises.

Ainsi l'organisation des sociétés anonymes ressemble à celle des compagnies de l'ancien droit. Il y a cependant une différence capitale entre ces deux sortes d'associations. On considérait les compagnies

---

(1) Troplong, I, n° 495, p. 459.

de l'ancien droit comme l'œuvre de la puissance publique plutôt que comme la libre volonté des parties; c'est pour cela que l'intervention royale était nécessaire à leur création. Les Compagnies des Indes orientales et occidentales furent créées de cette manière par les édits de 1664. Les sociétés anonymes modernes, au contraire, résultent de la volonté des parties qui les composent et sont soumises aux règles établies par les art. 29 à 36 du Code de commerce et par la loi du 24 juillet 1867.

Toutes ces considérations font voir la société anonyme moderne comme une véritable création du Code de commerce.

§ III. — Le principe de la personnalité des sociétés commerciales est confirmé par les travaux préparatoires et implicitement reconnu par plusieurs dispositions de la loi.

Le principe de la personnalité des sociétés commerciales est implicitement reconnu par l'article 529 du Code civil et par l'article 69 du Code de procédure.

« Sont meubles par la détermination de la loi, les actions ou intérêts dans les compagnies de finance, de commerce ou d'industrie, encore que des immeubles dépendant de ces entreprises appartiennent aux compagnies ». Cette disposition ne peut s'expliquer que par la distinction entre le patrimoine social qui appartient à la société personne morale et les patrimoines particuliers des associés (1).

L'article 69 du Code de procédure dispense seulement les sociétés commerciales de l'application de la règle *nul ne plaide par procureur* car elles « seront assignées tant qu'elles existent, en leur maison sociale ; et s'il n'y en a pas, en la personne ou au domicile de l'un des associés ».

Cette omission des sociétés civiles implique que les noms de tous leurs associés doivent figurer dans les actes de procédure, ce qui ne pourrait pas s'expliquer si ces sociétés étaient investies de la personnalité morale.

Cette conclusion est nécessaire. Mais pour dissiper tout doute on peut invoquer une modification de rédaction du Code de procédure : « Les associés ou intéressés dans une société de commerce seront assignés en leur maison sociale et s'il n'y en a pas, en la personne de l'un d'eux ». La disposition fut modifiée à la demande du Tribunat car : « la loi ne peut avoir en vue que les assignations à donner à une société considérée comme un être moral et collectif (2) ».

La personnalité des sociétés de commerce a été indiquée dans les travaux préparatoires pour expliquer

---

(1) Boistel, *Précis de droit commercial*, n. 165, p. 129.
(2) Locré, XXI, p. 405.

le caractère mobilier reconnu aux parts d'intérêts et aux actions. M. Tronchet déclare en effet que l'action ne rend pas copropriétaire des biens de la société et M. Béranger constate que « ces biens appartiennent à l'entreprise qui est un être moral (1) ». M. Treilhard (2) et M. Goupil-Prefeln (3) confirment cette solution.

A côté des arguments que nous avons présentés en faveur de la personnalité des sociétés de commerce il faut encore prouver qu'elles ont un patrimoine qui leur soit propre, un patrimoine qui ne se confonde pas avec le patrimoine de chaque associé. On pourrait répondre que puisque la société de commerce forme une personne morale elle doit avoir un patrimoine qui lui soit propre. La réponse serait insuffisante car il s'agit de prouver que faute d'une disposition législative qui proclame le principe de la personnalité, le législateur l'a reconnu implicitement en reconnaissant les éléments constitutifs de la personnalité.

La doctrine et la jurisprudence ont trouvé dans les règles de publicité (4) imposées aux sociétés commer-

---

(1) Locré : VIII, p. 37.
(2) Locré : VIII, p. 44.
(3) Locré : VIII, p. 66.
(4) Les sociétés de commerce sont soumises au point de vue de la forme à des dispositions particulières. L'article 39 du Code de commerce porte que « les sociétés en nom collectif et en commandite doivent être constatées par des actes publics ou sous signa-

iales, autres que la société en participation, les ure privée, en se conformant, dans ce dernier cas, à l'article 1325 lu code civil. »

Une question importante est de savoir quelle est la portée de e texte. Exige-t-il l'écrit *ad solemnitatem* ou *ad probationem* ?

D'après un premier système on fixe le sens et la portée de 'art. 39 C. com. suivant qu'il s'agit de régler les rapports des ssociés entre eux ou les rapports des associés avec les tiers.)ans le premier cas l'art. 39 C. com. a tranché seulement une [uestion de preuve : à défaut d'écrit la société peut être prouvée ;) par l'aveu ou par le serment; b) même par témoins ou par résomptions de fait s'il y a un commencement de preuve par crit. Lyon-Caen et Renault, II, n° 171, p. 136.

Dans les rapports des associés avec les tiers, la preuve par l'autres moyens que par écrit peut être faite mais seulement par es tiers à l'encontre de ceux-là. Lyon-Caen et Renault, II, ı° 173, p. 138.

Nous croyons au contraire avec M. Pont que l'écrit est exigé *ıd solemnitatem* car dans les articles 39 et 40 du Code de commerce t dans les lois postérieures l'écrit est toujours exigé en termes bsolus quelle que soit la valeur de ce qui fait l'objet de la société. (La rédaction de l'écrit, dit M. Pont, apparaît dès lors, non)oint comme un moyen de preuve mais comme une condition xtrinsèque nécessaire pour la perfection du contrat, et, par :onséquent, substantielle. » Et plus loin : « La rédaction d'un crit se lie de la manière la plus étroite à la publication de la ociété. L'écriture est en effet le préliminaire nécessaire de la ublication ; car, comment la société pourrait-elle recevoir la ublicité soit par le dépôt au greffe, soit par voie des journaux, i elle n'était pas constatée par des conventions écrites ? » P. Pont, I, n° 1110, p. 232.

Nous nous séparons cependant de l'éminent jurisconsulte en e que nous n'admettons pas que la preuve puisse être faite par ous les moyens quand il s'agit de mettre un terme à la société et le répartir entre les associés les bénéfices et les pertes. « Il est mpossible d'expliquer en droit, disent MM. Lyon-Caen et Renault, comment un acte, à considérer comme inexistant parce qu'une condition essentielle de forme n'a pas été observée, peut être invoqué et prouvé par tous les moyens à raison des conséquences iniques que produirait son existence. » Lyon-Caen et Renault, II, 3e éd. n° 172. p. 138.

dispositions législatives qui proclament pour ces sociétés le principe du patrimoine propre. (1)

« Attendu, dit la Cour de cassation, qu'aux termes de l'art. 42 du Code de commerce, les formalités relatives à la publication des sociétés commerciales doivent être observées à peine de nullité à l'égard des intéressés ; qu'il ne saurait en être autrement sans porter atteinte au principe d'ordre public qui a déterminé le législateur à ordonner la publication des sociétés commerciales et que ce n'est qu'à la faveur et comme conséquence de cette publicité qu'elles ont cet effet, en ce qui touche les tiers, de séparer les intérêts et les droits de la société, des intérêts et des droits des associés (2) ».

Ainsi la personnalité s'explique, comme le remarque aussi M. Pont (3), « par les formalités mêmes, par les conditions de publicité qui doivent révéler l'existence de la société aux tiers, et leur faire connaître la durée de la société, la mesure dans laquelle les associés sont obligés, la raison sociale sous laquelle l'association pourra contracter et agir (4) ».

La personnalité des sociétés en commandite par actions résulte encore de la facilité qu'ont les action-

(1) Les articles 42 à 46 du Code commercial. Ces formalités ont été complétées en 1814 et modifiées par la loi du 24 juillet 1867.
(2) Cass., 13 février 1855, Sirey, 1855, 1, 721.
(3) Pont, I, n° 124. p. 100.
(4) D'après le Code civil allemand, les sociétés acquièrent la

naires de céder leurs parts dans la société. Les titres de propriétaire dans l'actif social n'ayant pas un titulaire bien défini, car les actionnaires peuvent se renouveler continuellement, on est forcé de considérer la propriété de l'actif social comme appartenant à l'être moral lui-même. Il est vrai que les commandités sont connus et on serait tenté de les considérer comme propriétaires de l'actif social. Cette solution est inacceptable vu que les commandités ne représentent qu'une fraction des intéressés. Les autres, les commanditaires, restent toujours inconnus des tiers. D'ailleurs dans les actes de procédure dirigés contre les sociétés en commandite figure seulement la raison sociale qui comprend les noms d'un ou plusieurs commandités accompagnés de la formule *et Compagnie* qui représente la masse inconnue des associés. Si la société en commandite n'était pas investie de la personnalité, les noms de tous les intéressés devraient figurer dans les actes de procédure conformément à la règle *nul ne plaide par procureur*.

La personnalité morale des sociétés anonymes est encore plus facile à démontrer. En effet la gestion est confiée à des administrateurs qui ne s'obligent pas personnellement en obligeant la société et qui ne deviennent pas commerçants. Le capital social ne peut pas être

---

personnalité morale par l'accomplissement de certaines formalités, notamment l'inscription sur un registre *(Register system)*. Voyez la remarquable note de M. Saleilles sur *l'acquisition de la personnalité civile dans le code civil allemand, Bulletin de la société de législation comparée,* 1899, p. 260, sqq.

considéré comme appartenant aux actionnaires. Ceux-ci ne sont pas définis : ils se renouvellent continuellement grâce à la facilité de la cession des actions. D'autre part entre le patrimoine social et le patrimoine des associés il y a la plus complète séparation : les créanciers de la société ne comptent pas sur la fortune personnelle des associés mais sur l'actif social.

« Tout concourt à démontrer, dit un savant jurisconsulte (1), que chaque actionnaire une fois entré dans la société n'a plus en face de lui qu'un faisceau compact de forces sociales solidarisées entre elles. Il n'y a plus de lien immédiat, établi d'homme à homme, mais une série de rattachements individuels à un ensemble, à un bloc qui est l'entreprise elle-même : par là l'idée de personnalité rentre en scène. Le nombre des actionnaires, l'impossibilité de les joindre ou de les connaître tous, leur caractère mobile et flottant, la perspective pour la compagnie de franchir plusieurs générations humaines, toutes ces raisons s'opposent à ce que le *vinculum juris* soit jeté mutuellement et privativement entre les actionnaires qui passent ; la chaîne se noue de chacun des souscripteurs à la personne morale, stable et ferme sur les bases de son siège social, représentée dans ses organes de fonctionnement ».

(1) Note de M. Thaller dans Dalloz, 1893, 1. 107.

Section IV

CONDITION JURIDIQUE DES SOCIÉTÉS A FORMES COMMERCIALES AYANT UN OBJET CIVIL.

Avant la loi du 1ᵉʳ août 1893 on éprouvait de sérieuses difficultés à préciser et à définir la condition légale des sociétés civiles à formes commerciales. On leur contestait même le droit de revêtir ces formes, surtout la forme de sociétés par actions; on s'entendait mal aussi sur la question de l'existence même de leur personnalité morale.

Ces hésitations ont pris fin avec la loi qui considère comme commerciales toutes les sociétés civiles constituées sous la forme des sociétés par actions.

La Chambre était en outre d'avis de donner à cette prescription un effet rétroactif; le Sénat au contraire ne voulut pas aller à l'encontre du principe de non-rétroactivité des lois, et c'est ainsi que la loi de 1893 statue seulement pour l'avenir.

Ainsi il convient de distinguer aujourd'hui d'après leur date d'origine deux groupes de sociétés à objet civil ayant adopté les formes commerciales : *a)* celles qui sont antérieures à 1893 et *b)* celles qui sont postérieures à 1893.

a) Sociétés antérieures à 1893

Rien ne s'opposait à ce que les parties pussent adopter la forme de la société en nom collectif, qui entraîne une responsabilité illimitée et solidaire, dans le but d'accroître leur crédit en offrant aux tiers une très grande garantie. Nous croyons aussi que les associés pouvaient, en suivant les prescriptions de publicité établies par la loi du 24 juillet 1867, adopter les formes de la société en commandite ou de la société anonyme, dans le but de restreindre leur responsabilité : dans les sociétés en commandite les commanditaires, et dans les sociétés anonymes tous les associés sont tenus envers les créanciers sociaux seulement jusqu'à concurrence de leurs mises ; tandis que dans les sociétés civiles on est tenu pour une part virile des dettes sociales et cela indéfiniment.

Quelques auteurs soutiennent au contraire (1) que la division du capital en actions est incompatible avec la nature des sociétés civiles ; que, par conséquent, l'adoption des actions dans une pareille société change la nature du fait qui sert de fondement au contrat.

Ainsi on voit, disent-ils, d'après l'art. 1832 du Code civil que le principe fondamental de la société civile c'est l'engagement de la personne. Les capitaux ou l'industrie n'en sont que l'accessoire et de là il résulte que la mort, la déconfiture ou l'interdiction

---

(1) Vincens : *Législation commerciale,* t. I, p. 349 et s. ; Delangle : *Sociétés commerciales,* t. I, n. 28 et s. ; Bédaride : *Sociétés,* t. I, n. 97 et 123.

de l'un des associés entraîne la dissolution de la société.

Dans les sociétés par actions, la personne de l'actionnaire ne compte pour rien, l'essentiel c'est qu'il paie sa mise, peu importe s'il tombe ensuite en déconfiture, s'il meurt ou s'il est frappé d'incapacité.

Nous nous bornerons à répondre à cette première objection que le caractère de la société civile, qui est constituée *intuitu personœ*, n'est pas incompatible avec la forme des actions à ordre ou au porteur car, si ces formes substituent des membres nouveaux aux anciens, c'est par le consentement des associés qui ont adhéré à ces formes de transmission en adoptant pour leur société les formes de la société anonyme ou en commandite.

Quant à l'objection que la société, qui crée son capital sous la forme d'actions à ordre ou au porteur, devient par cela même commerciale, nous la croyons tout à fait gratuite. En effet de même qu'un non-commerçant, qui crée un billet à ordre ou au porteur, dont la cause n'est pas commerciale, ne fait pas un acte de commerce, de même, la société civile en créant son capital sous la forme d'actions à ordre ou au porteur ne fait pas non plus une opération commerciale. Mais même si nous supposons, avec les partisans de ce système, que l'émission des actions à ordre ou au porteur constitue une opération commerciale, la société n'en reste pas moins civile car, comme nous l'avons vu, le caractère d'une société dépend de la nature de son objet ; or, précisément, ces actions ne sont qu'un moyen pour arriver à la réalisation des opérations civiles qui sont le but visé par la société.

On remarque encore que la loi ne reconnaît que deux espèces de sociétés civiles : la société universelle et la société particulière. Les sociétés anonymes ou en commandite ne constituent ni une société universelle ni une société particulière ; leur nature s'oppose à ce qu'on attribue aux sociétés civiles ces formes qui sont propres seulement aux sociétés commerciales (1).

(1) La discussion qui a eu lieu lors de la confection du Code civil nous montre la fausseté de cette assertion. Le projet présenté au Conseil d'État portait : « il y a des sociétés particulières qui appartiennent seulement au commerce, telle que la société en nom collectif, celle en commandite et celle appelée anonyme, ces sociétés seront régies par les lois commerciales ». Cet article fut supprimé et le tribun Gillet nous en donne la raison : « ces distinctions qui ne touchent qu'aux conditions et non pas à la nature même de la société ont paru plus propres à la science du commerce qu'à la doctrine générale du droit civil ». (Fenet : t. XIV, p. 420). Si l'on ajoute encore que Pothier (Pothier : *Contrat de Société*, n. 53) comptait les sociétés de commerce au nombre des sociétés particulières, il est facile de voir que l'intention des rédacteurs du Code, loin d'interdire aux sociétés civiles l'emploi des formes commerciales, a été, au contraire, de leur permettre les formes des sociétés anonymes ou en commandite. Si les rédacteurs du Code ne parlent que des sociétés universelles et particulières sans mentionner les sociétés anonymes ou en commandite, c'est qu'ils considéraient ces formes de société comme comprises dans les sociétés particulières et d'autre part comme plus conformes aux spéculations commerciales. (Lédru : *Journal des Sociétés*, 1880, p. 405, n. 17).

Les motifs qu'on invoque se heurtent d'ailleurs au principe de la liberté des conventions. Les règles posées par le législateur en matière de société civile sont, comme en matière de contrat, d'après l'expression du tribun Bouteville, des principes qui cherchent à interpréter la volonté des parties : « Les dispositions relatives au contrat de société ne sont que l'application de principes très connus et déjà consacrés en matière de contrats. Qu'est-ce en effet que la législation relative aux contrats ? Quelles obligations peut-elle imposer aux parties si ce n'est celles qui résultent de leur propre volonté et de la nature même des choses ? (1) »

Le législateur a pris soin, quand il a voulu interdire aux sociétés civiles l'adoption des formes commerciales, de le faire entendre expressément.

C'est ainsi que la loi du 23 mai 1863, sur les sociétés à responsabilité limitée, réservait exclusivement cette forme aux sociétés commerciales (2).

Loin de s'opposer à ce que les sociétés civiles puissent revêtir les formes des sociétés commerciales, le législateur semble au contraire favoriser cette combinaison.

Citons la loi du 20 avril 1810 (3) qui, tout en

(1) Fenet, XIV, p. 414.
(2) Sirey, *Lois annotées de 1863*, p. 81, XXI ; *Journal du Palais, Lois annotées de 1863*, p. 141, XXI.
(3) Lors de la discussion de l'article 8 de cette loi, la question

reconnaissant le caractère civil des sociétés minières, suppose dans son article 8 leur capital divisé en actions.

2° La loi du 5 juin 1850 qui soumet au timbre proportionnel « chaque timbre ou certificat d'action, dans une société, compagnie ou entreprise quelconque, financière, commerciale, industrielle ou civile ».

Cependant il y a une objection qui semble décisive au premier abord et qui a été invoquée contre le système que nous défendons. Il s'agit de la règle posée par l'article 1863 c. civ. que chaque associé est tenu pour une part virile et indéfiniment envers les créanciers sociaux. On a soutenu que ce principe est tellement obligatoire et tellement de l'essence des sociétés civiles que les parties ne peuvent pas déroger en stipulant vis-à-vis des tiers qu'ils ne seront tenus que jusqu'à concurrence de leurs mises.

La Cour de cassation a été saisie de la question par

---

fut nettement posée. M. le comte Berlier voulait que, relativement aux mines, les sociétés anonymes fussent interdites et il ajoutait qu'on pourrait leur permettre les formes des sociétés en commandite : « celles-ci donneraient les facilités qu'on veut ménager aux capitalistes en même temps qu'elles indiqueraient les personnes contre lesquelles les actions peuvent être dirigées et qui sont responsables envers le public. » Cette opinion fut réfutée par l'archichancelier Cambacérès car il considérait l'autorisation du gouvernement comme un moyen efficace pour empêcher la formation des sociétés qui ne présenteraient pas les sûretés nécessaires. Locré, VI.

un pourvoi dirigé contre un arrêt de la Cour de Paris en date du 12 mars 1881.

Le système de la cour suprême (1), conforme à la jurisprudence dominante et susceptible à notre avis de sérieuses critiques, peut se résumer dans les deux propositions suivantes :

1° Les associés, membres d'une société civile, ne sauraient s'affranchir par leur seule volonté, exprimée dans l'acte social, de l'obligation personnelle dont ils sont tenus chacun pour une part virile ;

2° Mais il est loisible aux créanciers de renoncer à les poursuivre sur leurs biens autres que les biens sociaux.

Cette solution de la jurisprudence, admise en doctrine par plusieurs auteurs, s'appuie sur le principe posé par l'article 1863 c. civ. qu'ils considèrent applicable aux associés pour tous leurs engagements sociaux, c'est-à-dire, non seulement quand ils ont figuré personnellement au contrat mais aussi quand l'obligation a été contractée *nomine sociali* par un associé ayant qualité ou pouvoir pour traiter au nom de la société. Cela découle de l'article 1864 du Code civil, aux termes duquel les associés sont tenus même pour l'obligation contractée *nomine sociali* par

---

(1) Cass., 21 février 1883, Sirey, 1884, I, 361 ; *Journal du Palais,* 1884, 929 ; Dalloz, 1883, I, 217. Voyez aussi Mathieu, rapporteur de la loi de 1867, *Moniteur* du 8 juin 1867 et Bresilon note sous Toulouse du 23 mars 1887, Dalloz, 1887, 2. 233 et s.

l'un d'eux, si pouvoir lui a été donné par les autres et on remarque qu'il s'agit ici non d'un pouvoir spécial et exprès donné en vue de l'acte mais du pouvoir qui appartient au gérant chargé d'administrer la société et même de celui dont chaque associé est investi à défaut de stipulation spéciale sur le mode d'administration (1). L'engagement ainsi contracté, en tant bien entendu qu'il est un acte d'administration, est au premier chef un engagement social; il lie tous les associés selon l'expression de l'article 1864, il lie au même titre et dans les mêmes conditions que s'ils avaient figuré personnellement au contrat (2).

Ce système considère ainsi le pouvoir des administrateurs comme un pouvoir *sui generis* qui résulte nécessairement et implicitement du contrat de société et qui ne peut pas être considéré comme un simple mandat.

M. Labbé (3), dans une savante dissertation, a clairement montré que ce système est contraire à la tradition et au véritable esprit du droit civil. C'est ainsi qu'en droit romain, les sociétés ne constituant pas de personnes civiles, les obligations envers les tiers naissaient en vertu du droit commun et des règles du mandat. Dans l'ancien droit les rapports des tiers avec la société étaient également régis par les principes du

---

(1) Art. 1859, c. civ.
(2) Pont : *Revue critique,* 1884, p. 153.
(3) Sirey, 1884, 1, 361.

droit romain (1). Enfin les textes du Code civil s'opposent à une pareille interprétation. L'article 1855 du Code civil laisse toute latitude à la volonté des parties, car elles peuvent réduire leur responsabilité à la limite de leurs apports. Il n'est donc pas de l'essence de la société que les associés soient tenus personnellement envers les tiers en vertu des contrats conclus par les administrateurs, car autrement l'article 1855 n'aurait aucun sens. L'article 1863 dispose, il est vrai, que les associés sont tenus pour une portion virile et indéfiniment des dettes sociales, mais il nous montre expressément qu'on n'est tenu dans cette mesure que si on a conféré un pouvoir à l'administrateur, et l'article 1864 répète la même idée en parlant d'un pouvoir donné.

Ainsi on ne peut pas, sans tomber dans l'arbitraire, prétendre à un pouvoir nécessaire et implicite alors qu'il s'agit d'un simple mandat, donné ou conféré, qui doit être régi par les dispositions du droit commun.

Nous concluons, avec M. Labbé, qu'une société civile peut compter parmi ses membres des commanditaires qui ne seront tenus, en vertu du mandat limité qu'ils ont donné, que jusqu'à concurrence de leurs mises.

Mais les sociétés civiles peuvent-elles revêtir les formes

---

(1) Pothier, *Traité du Contrat de Société*, n°s 66 et s. et 90.

de la société anonyme ? Se peut-il qu'il n'y ait aucun membre qui soit tenu personnellement des dettes sociales ? M. Labbé ne le pense pas : l'obligation contractée par l'administrateur ne saurait se former au profit de la société, car elle n'est pas investie de la personnalité, mais sur le compte de l'associé contractant lui-même et, comme *qui s'oblige oblige le sien*, il ne peut pas invoquer la limitation de sa responsabilité jusqu'à concurrence de sa mise.

Nous ne pouvons pas accepter l'opinion de l'éminent jurisconsulte. Nous croyons, avec la majorité des auteurs (1), qu'une fois accomplie la publication des statuts, conformément aux règles du droit commercial, il n'y aura qu'à faire l'application des règles du droit commun en ce qui concerne la mesure dans laquelle seront tenus les associés vis-à-vis des créanciers de la société. Il y a en effet une convention stipulée entre les associés et les tiers par la conférence des statuts sociaux aux règles commerciales relatives à cette responsabilité (2).

Ce système s'appuie sur les dispositions de l'article 1863 qui se refère simplement aux associés qui ont été parties au contrat car *on n'est tenu pour une part égale que vis-à-vis du créancier avec lequel on a contracté*

---

(1) Lyon-Caen et Renault, *Traité du droit commercial*, II, n° 1077 bis ; Boistel, *Précis du droit commercial*, n° 167 ; Pont, *Sociétés*, I, n° 123 ; Vavasseur, I, n° 352.

(2) Thaller, *Sociétés, Annales du droit commercial,* 1899, p. 282.

et comme cette disposition n'est pas d'ordre public, car on peut, par une stipulation dans l'acte conclu avec le tiers restreindre spécialement l'obligation sur le pied de la part de l'associé contractant, la stipulation résulte, dans le cas qui nous occupe, de la conformité aux dispositions prescrites par l'article 64 de la loi du 24 juillet 1867.

Quant aux membres qui ne sont pas administrateurs, leur situation est réglée par l'article 1862. Ils ne peuvent être tenus que dans la mesure où ils ont donné pouvoir à l'administrateur de les représenter; or, comme les restrictions qui limitent les pouvoirs des administrateurs se trouvent dans les statuts, il en résulte que les dispositions qu'ils contiennent sont *ipso jure* opposables aux tiers.

Nous avons vu qu'une société civile peut se constituer en adoptant les formes commerciales et notamment les formes de la société en commandite ou anonyme, que, malgré l'emploi de ses formes, elle garde un caractère civil et par conséquent n'est ni assujettie à la compétence du tribunal de commerce, ni passible de la déclaration en faillite.

Mais il y a une question très intéressante à résoudre à l'occasion de l'adoption par une société civile, antérieure à la loi du 1er août 1893, des formes commerciales. Devient-elle une personne morale ou au contraire garde-t-elle la non-personnalité qui la caratérisait avant qu'elle adoptât ces formes ?

Plusieurs auteurs, entre autres MM. Laurent et Vauthier, soutiennent la négative. L'article 1873 du Code civil qui déclare que les dispositions du contrat de société ne s'appliquent aux sociétés de commerce que dans les points qui n'ont rien de contraire aux lois et usages du commerce, détermine en même temps l'étendue des dérogations que la loi civile peut recevoir. Il décide en termes exprès que ces dérogations ne peuvent avoir lieu que dans l'intérêt des sociétés commerciales. Vouloir étendre à la société civile les bénéfices de cette dérogation, vouloir la soumettre aux usages du commerce, serait se mettre en contradiction avec les termes de l'article 1873 (1).

Nous croyons, au contraire, avec la majorité des auteurs, que cette faveur peut être étendue aux sociétés civiles en les soumettant aux mêmes règles de publicité : « Il y a là, disent MM. Lyon-Caen et Renault, une véritable nécessité pratique. Les sociétés civiles qui s'organisent sous une forme commerciale font appel au crédit comme les sociétés de commerce. Le public compte et doit légitimement compter avoir les mêmes garanties que si la société était commerciale. Une solution opposée serait d'autant plus fâcheuse qu'il n'est pas toujours aisé de déterminer si une

---

(1) Vauthier, *Personnes morales*, p. 402, note 1. Voyez aussi Laurent, t. XXVI, n° 221 et 223. *Contra* Boistel, n° 167, Pont, I, 124; Lyon-Caen et Renault, II, 132 et s. Aubry et Rau, t. I § 54 p. 189 et note 28; t. IV, § 377, note 16 et s., p. 546; Brésillon, D. P. 1887, 2, 241,

société est civile ou commerciale par cela même que la ligne de démarcation entre les actes civils et les actes de commerce est difficile à tracer et même souvent quelque peu arbitraire ».

La personnalité des sociétés civiles à forme commerciale a perdu de son intérêt depuis la loi du 1ᵉʳ août 1893. Toutes les sociétés deviennent commerciales si elles adoptent la forme des sociétés par actions. La question présente encore de l'intérêt pour les sociétés par actions constituées avant cette loi et pour les sociétés en nom collectif et en commandite simple ayant un objet civil et constituées avant cette loi ou même depuis.

b) Sociétés postérieures à la loi du 1ᵉʳ août 1893.

Nous venons de voir que les sociétés civiles qui adoptaient les formes commerciales pouvaient puiser dans le droit commun les avantages qu'elles recherchaient, à savoir : d'être investies de la personnalité morale, de pouvoir offrir à leurs créanciers un droit de préférence sur les biens de la société par rapport aux créanciers personnels des associés et de pouvoir stipuler dans leurs statuts une responsabilité limitée à leur mise. Mais ces conclusions auxquelles nous sommes arrivé n'étaient pas admises sans discussion. De vives controverses s'étaient élevées sur ce point et la jurisprudence admettait une solution peu satisfaisante.

La loi du 1ᵉʳ août 1853, pour faire cesser toutes ces difficultés a ajouté à la loi du 24 juillet 1867 un article 68 ainsi conçu : « Quel que soit leur objet les sociétés en commandite ou anonymes qui seront constituées dans les formes du Code de commerce ou de la présente loi (loi de 1867) seront *commerciales* et soumises aux lois et usages de commerce ».

Il ne rentre pas dans le cadre de notre étude de nous étendre sur la discussion détaillée de la loi de 1893, nous voulons simplement étudier les conséquences qui en dérivent relativement à la personnalité des sociétés par actions.

La loi rend en effet commerciales les sociétés civiles qui adoptent la forme des sociétés par actions (1). Elles jouiront grâce à leur qualité de *sociétés commerciales* de la personnalité morale.

Mais trois questions importantes restent à résoudre :

a) Toutes les sociétés civiles peuvent-elles acquérir la personnalité en se conformant aux dispositions de la loi de 1893 ?

b) La qualité de commerçant, attribuée par la loi de 1893, appartient-elle aux sociétés personnes morales dont il s'agit aux mêmes conditions que pour les personnes physiques ?

c) Les sociétées dénuées de personnalité et qui

---

(1) Lyon-Caen et Renault : 3ᵉ éd., II, n° 1086, p. 931 ; Thaller : *Traité élémentaire du droit commercial*, 2ᵉ éd., n° 781, p. 421.

l'acquièrent en se conformant aux dispositions de la loi de 1893 jouissent-elles des effets de la personnalité à l'égard des tiers qui ont des droits acquis ?

A) Toutes les sociétés civiles peuvent-elles acquérir la personnalité en se conformant aux dispositions de la loi de 1893 ?

L'article 7 § 6 de la loi du 1er août 1893 s'exprime de la manière suivante : « Les sociétés civiles actuellement constituées sous d'*autres formes* pourront, si les statuts ne s'y opposent pas, se transformer en sociétés en commandite ou en sociétés anonymes par décision d'une assemblée générale spécialement convoquée et réunissant les conditions tant de l'acte social que de l'art. 31 ci-dessus ».

Il semblerait résulter des termes de cette disposition que seules les sociétés ayant adopté dans leurs statuts une autre forme que la forme des sociétés par actions peuvent revendiquer le droit de se tranformer en sociétés commerciales et par suite acquérir sans aucune contestation la personnalité morale.

Nous croyons, avec la presque unanimité des auteurs, qu'on ne doit pas s'arrêter à cette considération de texte (1). Il y a lieu d'invoquer en faveur des sociétés par actions un argument à *fortiori*. Elles n'ont qu'un pas à faire pour devenir des sociétés

---

(1) Lyon-Caen et Renault, II, 3e éd., no 1088, p. 934.

commerciales, alors que les autres auraient à franchir une distance considérable : « Ne serait-il pas extraordinaire que la faveur concédée aux entreprises dont les parts sociales étaient primitivement incessibles fût refusée d'autre part à celles dont les titres se négociaient comme actions, étaient des actions ? » (1)

Le vice de rédaction que présente l'art. 7 § 6 tient aux remaniements qu'a subis le texte dans le passage de la Chambre au Sénat. La première rédaction votée par la Chambre attribuait de plein droit le caractère commercial aux sociétés par actions alors existantes comme à celles qui se créeraient par la suite sous la même forme ; la fin de l'article statuait sur les sociétés constituées sous d'*autres formes :* elles pourraient se transformer par leur propre volonté en sociétés commerciales. Lorsque le Sénat décida, en considération du principe de la non-rétroactivité des lois, que la disposition de l'art. 68 s'applique seulement aux sociétés qui se formeront à l'avenir, on oublia de modifier en même temps la disposition finale de l'article et de dire : « Les sociétés civiles actuellement constituées soit sous la forme par actions soit sous d'autres formes » etc.

C'est donc par suite de cette simple omission qu'en apparence le texte ne vise pas les sociétés par actions. Mais l'intention de la loi n'est pas douteuse. Elle

---

(1) Thaller : *Annales de droit commercial,* 1894, p. 133.

ressort aussi de cette phrase du rapport qui signale l'intérêt pratique de la disposition transitoire « pour les sociétés houllières du Nord et du Pas-de-Calais », c'est-à-dire pour les sociétés généralement constituées sous la forme de sociétés par actions.

c) La qualité de commerçant attribuée par la loi de 1893 appartient-elle aux sociétés personnes morales dont il s'agit aux mêmes conditions qu'aux personnes physiques?

La condition essentielle pour qu'un individu devienne commerçant est de faire des actes de commerce sa profession habituelle.

Des auteurs ont soutenu (1) que la loi de 1893, en attribuant la qualité de commerçant aux sociétés civiles constituées sous la forme de sociétés par actions, a voulu imprimer en même temps le caractère commercial aux opérations faites par ces sociétés pour ne pas créer une anomalie en permettant à un commerçant de ne pas attribuer le caractère commercial à ses actes d'exploitation.

Nous croyons au contraire avec MM. Lyon-Caen et Renault (2) que si la société est commerciale par la volonté de la loi, les actes qu'elle accomplit restent

---

(1) Lacour, note sous Paris, 10 juillet 1894, Dalloz 1895, 2, 105 ; Thaller, *Traité élémentaire de droit commercial*, 2ᵉ éd. n° 784, p. 422.

(2) Lyon-Caen et Renault, II, 3ᵉ éd., n° 1085, p. 926.

civils car la loi ne prononce nulle part que le caractère commercial sera imprimé à ces actes.

M. Thaller (1), tout en adoptant le principe de la commercialité des actes des sociétés par actions, apporta à cette doctrine une assez large restriction qu'il nous reste à examiner (2). D'après lui les opérations immobilières émanant d'une société anonyme ou en commandite par actions conservent encore aujourd'hui leur caractère civil. Voici en quels termes M. Thaller justifie cette restriction : « Il y a des raisons utilitaires très sérieuses à maintenir ces affaires immobilières dans la compétence des Tribunaux civils et à ne pas exempter ces achats ou ventes de la forme ordinaire des actes ; ce qui résiste à la commercialité ce n'est pas la *nature de l'opération*, mais la *qualité de la chose* sur laquelle elle porte : cette chose est de telle condition qu'il est inadmissible de voir les juges consulaires en connaître, et le titre de commerçant chez celui qui en trafique ne change rien. »

Ainsi, d'après le savant jurisconsulte, s'il s'agit d'une société anonyme ou en commandite par actions dont le but est d'acheter des immeubles pour les revendre, on devrait admettre que la commercialité s'étend à

---

(1) Thaller, *Annales de Droit commercial*, 1894, p. 179 et s.

(2) Voyez à cet égard la dissertation de M. Lacour, sous Paris, 10 juillet 1894, Dalloz 1895, 2, 105 et celle de M. Wahl, au Sirey, sous le même arrêt, 1896, 2, 57.

toutes ses opérations sauf à celles qui constituent son objet essentiel : l'achat et les ventes d'immeubles.

Il est difficile de comprendre que la commercialité puisse s'étendre seulement aux engagements accessoires. La nature de pareils engagements se détermine en effet d'après la nature des engagements principaux. Ce système se trouve ainsi en contradiction avec l'adage bien connu « accessorium sequitur principale » et il doit être condamné en théorie pure.

Ainsi, malgré la large restriction apportée par M. Thaller, nous ne saurions nous rallier à la doctrine de la commercialité des actes des sociétés par actions. Nous croyons que ces actes doivent conserver leur caractère civil : « Il n'y a vraiment, dit M. Lyon-Caen, aucune raison ni théorique ni pratique pour imprimer le caractère commercial, lorsqu'ils sont faits par des sociétés, à des actes ayant le caractère civil quand ils sont faits par des individus (1) ».

c) Les sociétés dénuées de personnalité et qui l'acquièrent en se conformant aux dispositions de la loi de 1893 jouissent-elles des effets de la personnalité à l'égard des tiers qui ont des droits acquis ?

La personnalité morale des sociétés civiles à formes commerciales, antérieures à 1893, est admise sans difficulté. Il n'en est pas de même de la personnalité

---

(1) Lyon-Caen, *Revue du commerce et de l'industrie,* 1894, p. 148, et *Revue de la législation des mines,* 1897.

des sociétés civiles. Si on refuse, comme nous l'avons fait, à la société civile la personnalité, la transformation d'une pareille société en société anonyme ou en commandite pour se commercialiser aura pour effet de conférer la personnalité morale avec toutes ses conséquences.

Ce changement dans le régime de la société ne va-t-il pas nuire à certaines personnes ? N'y aura-t-il pas lésion des droits acquis ?

Les créanciers sociaux n'auront pas à en souffrir. En effet la personnalité morale leur confère sur le patrimoine social un droit de gage exclusif à la différence des créanciers personnels des associés.

Mais on soutient qu'on ne doit pas ouvrir contre leur gré des voies d'exécution nouvelles, auxquelles ils ne s'attendaient pas. Le régime qui leur a été promis était celui de la déconfiture ; maintenant on prétend les soumettre à la faillite ou à la liquidation judiciaire. La déconfiture laissait chaque créancier maître de sa créance, tandis qu'à présent le créancier doit s'incliner devant la volonté de la majorité des créanciers de la masse, et par suite sa créance originaire subit une atteinte contre sa volonté.

La consultation de MM. Lyon-Caen, Clausel de Coussergues et Thévenet prouve bien la fausseté de cette assertion : « La soumission d'un traité au régime commercial, bien loin de pouvoir préjudicier aux créanciers, était pour eux à certains égards une sauvegarde, que le concordat ne saurait être une source véritable de dangers, les intérêts des créanciers étant garantis par les formalités qui en règlent l'obtention. »

M. Thaller s'exprime dans le même sens : « C'est un faux point de vue que de considérer la faillite ou la liquidation judiciaire, avec le concordat qui en est la meilleure solution, comme un tort causé aux créanciers. Ils seraient les premiers au contraire à en recueillir les avantages. Dans le désaccord des avis exprimés par ceux que comprend le désastre, la majorité fait triompher l'opinion appropriée à la situation, et préserve même les créanciers résistants d'une perte plus forte qui résulterait du régime de l'union. Le concordat n'est pas une mesure de largesse, mais bien une mesure d'intérêt général; l'homologation du tribunal avisera à lui maintenir ce caractère (1) ».

Mais les créanciers personnels des associés antérieurs à la transformation de la société ne peuvent-ils pas prétendre que la personnalité morale de la société résultant de cette transformation ne doit pas leur être préjudiciable ? que le droit de préférence des créanciers sociaux ne doit pas exister à leur égard ?

Nous croyons que leur prétention est insoutenable car, comme disent MM. Aubry et Rau, un droit

---

(1) Thaller, *Annales de droit commercial*, 1894, II, p. 135.

acquis n'a lieu que « lorsque l'auteur ne peut, par sa seule volonté, anéantir ou modifier les effets juridiques qui s'y trouvent attachés au profit d'une autre personne et que cela forme pour cette dernière un titre irrévocable (1) ». Or comme le débiteur peut diminuer le gage de ses créanciers par des aliénations même gratuites, ceux-ci se trouveront dans l'impossibilité de pouvoir invoquer en leur faveur un droit acquis au patrimoine sur lequel ils doivent se payer.

Supposons enfin qu'un associé a, dans une société civile, en qualité de propriétaire par indivis des immeubles sociaux, sa part indivise grevée d'un droit réel, par exemple d'une hypothèque conventionnelle ou légale. Mais nous devons expliquer notre pensée : l'associé ne pouvant pas aliéner la part indivise qu'il a dans les immeubles sociaux (art. 1860 C. civ.), ne peut, par conséquent, les grever d'hypothèques, en ce sens que les créanciers personnels en faveur desquels il les aurait établies ne pourront saisir et faire vendre les biens grevés pour se faire payer sur le prix de préférence aux créanciers de la société. Or si l'associé ne peut conférer d'hypothèque conventionnelle sur sa part dans les immeubles parce qu'il n'en a pas la disposition, l'hypothèque légale ne peut pas non plus les atteindre. Seulement, lors de la dissolution de la société, si les immeubles tombent au lot du

---

(1) Aubry et Rau, I, p. 70.

mari, comme par l'effet rétroactif du partage ils seront censés lui avoir appartenu dès le moment de leur entrée dans l'actif commun, l'hypothèque conventionelle ou légale grèvera ces biens.

Nous venons de voir que quand il s'agit d'une société dénuée de personnalité morale on peut grever la part indivise sur les immeubles d'un droit réel conditionnel soumis aux incertitudes du partage futur.

La question est de savoir si les droits réels conditionnels vont en souffrir par la transformation de la société dont l'effet est de changer le droit de propriété immobilière indivis de l'associé en un droit de créance d'une part des bénéfices, droit purement mobilier.

Nous croyons que la transformation de la société ne pourra porter aucun préjudice aux droits réels conditionnels dont nous venons de parler : « La règle de non rétroactivité, disent MM. Aubry et Rau, s'applique non seulement aux droits principaux et accessoires du créancier, mais encore aux sûretés et garanties que lui attribuait la loi sous l'empire de laquelle ils ont pris naissance. Il continuerait donc à en jouir, conformément à cette loi, malgré la survenance d'une loi nouvelle qui aurait introduit à cet égard des dispositions différentes. *C'est notamment ce qui a lieu pour les hypothèques et privilèges attachés par la loi à certaines créances* (1) ».

(1) Aubry et Rau, I § 30, p. 74.

CHAPITRE III.

LA SIMPLE STRUCTURE DU CONTRAT DE SOCIÉTÉ EST IMPUISSANTE A EXPLIQUER LES CONSÉQUENCES QUI DÉRIVENT DE LA PERSONNALITÉ MORALE.

Section I

DU PATRIMOINE SOCIAL, SON RÔLE PENDANT LA DURÉE ET APRÈS LA DISSOLUTION DE LA SOCIÉTÉ.

Si la société est investie de la personnalité rien de plus simple dans ce cas que de considérer le patrimoine social comme affecté exclusivement aux créanciers sociaux : les créanciers personnels des associés n'ont rien à prétendre car ils n'ont eu aucun rapport juridique avec la société, personne morale.

Nous allons examiner si, abstraction faite de l'idée de personnalité, la simple analyse du contrat de société nous conduit à la même conclusion.

Toute personne qui entre dans une société et qui en signe l'acte de formation s'engage à respecter l'ensemble des stipulations sociales. Deux de ces stipulations priment les autres par leur importance :

1° L'associé s'est engagé à laisser les valeurs de l'exploitation remplir le but en vue duquel on les a groupées. Il ne peut en aucune manière contrarier ce but et notamment faire servir ces biens à un intérêt particulier, à un intérêt qui ne soit plus celui de la masse ;

2° L'associé s'est aussi engagé à respecter le terme de la société, il ne peut pas avancer ce terme à sa volonté, afin de retirer plus tôt sa part des biens engagés dans l'exploitation (1).

En vertu de ces principes on devra refuser à l'associé, durant la durée de la société, le pouvoir d'aliéner ou d'hypothéquer un bien quelconque de la société ou sa quote-part dans ce bien.

L'article 1860 sanctionne d'ailleurs la volonté stipulée par les parties de ne pas contrarier le but de la société en interdisant à l'associé qui n'est point administrateur « d'engager ou d'aliéner les choses mêmes mobilières qui dépendent de la société. »

Ainsi les associés ne peuvent pas vendre, hypothéquer ou donner en gage les biens qui font partie du fonds social : l'acheteur, le créancier hypothécaire ou gagiste se trouveront privés, en vertu de cette disposition, de tout droit de saisie. Et comme il s'agit des créanciers que le législateur a toujours favorisés par rapport aux créanciers chirographaires, il en

---

(1) Thaller : *Traité élémentaire de droit commercial*, 2ᵉ éd., 1900, p. 170.

résulte, *a fortiori*, que ces derniers ne peuvent pas davantage exercer ce droit.

Le droit de saisie des créanciers personnels des associés est ainsi paralysé pendant toute la durée de la société.

Mais on a soutenu que les créanciers personnels des associés non seulement ne peuvent exercer une saisie mais encore qu'ils ne peuvent avoir aucun droit de gage sur les biens qui composent la société. C'est-à-dire les créanciers personnels des associés sont par rapport à la société dans la même situation qui si elle était investie de la personnalité juridique. Cela résulte, nous dit-on, de l'article 1860 : « L'associé qui n'est point administrateur ne peut aliéner ni *engager* les choses même mobilières qui dépendent de la société. »

Cet article semble au premier abord interdire aux associés non administrateurs d'*engager* un des biens sociaux et par suite il ne peut leur fournir de son chef sur ces biens aucun droit de gage.

M. Thaller, dans la récente édition de son *Traité élémentaire de droit commercial*, se déclare partisan de cette théorie car il considère que « l'associé n'a aucune faculté de disposer, de même que *ses créanciers n'ont aucun droit de gage.* »

Nous ne saurions nous rallier à cette opinion. Nous croyons que l'art. 1860 veut dire qu'on peut disposer de sa part, mais que les dispositions consenties par l'associé, dans cette limite, seront suspendues pendant la durée de la société.

En effet, l'associé s'est engagé à ne pas demander sa part pour ne pas entraver la marche de la société ; et, comme l'associé ne peut disposer de ses droits que tels qu'ils les a, l'acheteur ne pourra s'opposer à la vente du bien social dont il a une part indivise ni en provoquer le partage, pour le motif qu'on ne peut avoir plus de droits que son auteur.

Le droit pour les associés d'aliéner leurs parts, quoique d'une manière conditionnelle, trouve un puissant appui dans le droit romain, dans l'ancien droit et dans l'art. 1861 du code civil.

C'est ainsi qu'en droit romain (1) l'associé pouvait disposer de sa part soit directement, soit indirectement, en contractant des obligations. Les créanciers personnels des associés avaient ainsi un droit de gage sur les biens de la société, et, de plus, ils n'étaient pas primés par les créanciers sociaux sur les biens appartenant à la société : les uns et les autres avaient le même droit car tous n'avaient qu'un seul débiteur, l'associé avec lequel ils avaient traité.

Les mêmes principes étaient admis dans l'ancien droit selon le témoignage de Pothier. Voici comment il s'exprime : « Un associé ne peut ni aliéner, ni engager les choses mêmes mobilières dépendant de

---

(1) La loi 68, D., *Pro Socio*, 17, 2.

la société, si ce n'est pour la part qu'il y a » (1). Cette idée n'est que la traduction exacte du principe posé par la loi 68 *Pro socio : nemo ex sociis plus parte sua potest alienare.*

L'article 1860 du Code civil reproduit la première partie de la formule employée par Pothier car il dit que l'associé « ne peut aliéner, ni engager les choses mobilières dépendant de la société », sans ajouter « si ce n'est pour la part qu'il y a ».

Il est difficile d'admettre que, par cette simple suppression, le législateur ait voulu abandonner entièrement l'ancienne doctrine, car on aurait trouvé quelques traces de sa volonté dans les travaux préparatoires.

L'article 1861 vient encore à l'appui de cette opinion. Il permet à chaque associé de s'associer une tierce personne pour la part qu'il a dans la société. Cette faculté ne peut être considérée que comme une conséquence du droit qu'il a de disposer de sa part. L'associé forme en effet avec le tiers une nouvelle société qui ne peut exister s'il ne peut pas disposer de sa part.

« Chacun des associés, dit Pothier, n'ayant le droit de disposer des effets de la société que pour la part qu'il a dans cette société, *c'est une conséquence qu'il peut bien*, sans le consentement de ses associés, *s'associer*

---

(1) Pothier : *Sociétés,* n° 89, p. 273.

un tiers à la part qu'il a dans la société » et plus loin : « ce tiers sera mon associé à la part que j'ai dans la société que nous avions contractée ensemble, mais... il ne sera pas votre associé (1). »

C'est également la même idée qu'exprimait Domat (2) en disant qu'il s'agit dans ce cas « d'une autre société séparée de la première (3). »

L'associé peut donc aliéner sa part. Tel est le principe auquel nous sommes arrivés. Seulement il y a des principes généraux qui s'imposent et qui limitent dans ses conséquences l'usage d'une telle faculté.

« En aliénant sa part dans un effet de la Société, dit M. Pont, l'associé fait un marché conditionnel, comme tout communiste qui cède sa part d'une chose indivise. La vente est nécessairement subordonnée à l'évènement du partage ; car, avant le partage, le droit de chaque copropriétaire est indéterminé. C'est le partage qui fixera ce droit et comme par la fiction de la loi, le partage est simplement déclaratif, il en résulte que la vente consentie par l'un des associés aura ou n'aura pas effet suivant

---

(1) Pothier : *Du contrat de société,* n° 91.

(2) Domat : *Les lois civiles,* Liv. I, Titre VIII, Sect. II, § 5.

(3) La même idée était exprimée par Ulpien : « Qui admittitur socius, ei tantum socius est qui admisit, et recte. Cum enim societas consensu contrahatur, socius mihi esse non potest, quem ego socium esse nolui. Quid ergo si socius meus eum admisit ? Ei soli socius est. » L. 17, D., *Pro socio* (XVII, II).

que la chose vendue tombera dans le lot du vendeur ou en sera exclue (1) ».

Pour conclure, nous dirons que l'article 1860 constate seulement que les associés ne peuvent conférer que des droits conditionnels soumis aux incertitudes du partage futur ; ils ne peuvent pas conférer des droits fermes et immédiats sur leurs parts indivises comme on le pouvait autrefois dans le droit romain et dans l'ancien droit français.

Mais on peut se demander à quoi sert de reconnaître au profit des créanciers personnels des associés un droit de gage sur les biens sociaux alors que leur droit de saisie se trouve paralysé *pendant la durée de la société.*

Ce droit de gage présente cependant un intérêt considérable pour les créanciers personnels des associés ; ils seront mis sur un pied d'égalité avec les créanciers sociaux quand la saisie d'un bien social aura été exercée par ces derniers ou quand la Société se trouvera en état de dissolution.

Le droit de saisie accordé aux créanciers sociaux peut-il être qualifié de droit de préférence ?

Les créanciers personnels des associés ont le même droit de gage que les créanciers sociaux. Il porte sur le patrimoine social et le patrimoine propre des associés.

---

(1) P. Pont : *Sociétés civiles et commerciales,* n° 589, p. 417. Voyez aussi Guillouard, *Sociétés* n°s 252 et s.; Meynial, note sous cass., 23 février 1891; Sirey, 1892, I. 73. *Contra* Vendernotte, *Rapports des Sociétés civiles avec les tiers,* p. 45 et s., et son article publié dans les *Annales de Droit commercial,* 1898, p. 437.

Nous venons cependant de voir qu'il y a une très grande différence entre les deux groupes de créanciers : les créanciers des associés ne peuvent pas saisir les biens de la Société, tandis que les créanciers sociaux peuvent exercer ce droit.

La question est de savoir si on peut dire que les créanciers sociaux ont un droit de préférence par rapport aux créanciers personnels des associés.

Dans un premier système, on accorde un droit de préférence aux créanciers sociaux sur les créanciers personnels des associés seulement pendant la durée de la Société : « Les créanciers sociaux, dit M. Guillouard, ont seuls le droit, tout le monde le reconnaît, de faire saisir et vendre les biens de la Société; d'un autre côté, on admet encore unanimement ce principe que, ni les associés, ni par conséquent leurs créanciers, qui n'ont d'autres droits que les leurs, ne peuvent entraver le fonctionnement de la Société. Comment, dès lors, autoriser les créanciers des associés à concourir avec les créanciers de la société sur le prix des biens vendus à la requête de ceux-ci? Ils viendront par contribution, au prorata de leurs créances, dit M. Laurent, mais ce concours qui va empêcher le paiement intégral des créanciers de la Société va provoquer de leur part de nouvelles poursuites et l'expropriation de nouveaux biens de la Société, de sorte que les créanciers personnels des associés vont arriver indirectement à obtenir ce qu'ils ne peuvent poursuivre directement : l'expropriation des biens de la Société. D'un autre côté, puisqu'ils n'ont pas de droit sur les biens de la société tant qu'elle dure, puisqu'ils sont liés par le pacte social comme l'associé leur débiteur, ils ne peuvent plus enlever à leur profit une portion quelconque du patrimoine social, et entraver ainsi les opérations de la Société. »

« Au contraire, une fois la Société dissoute, leur situation va changer. L'entrave que l'existence de la Société apportait à l'exercice de leurs droits a disparu, les biens qui formaient le patrimoine social sont de libre disposition, et, comme la Société ne constitue pas un être moral, ces biens sont réunis au patrimoine des associés pour y devenir le gage commun de tous leurs créanciers (1). »

Dans un deuxième système, on considère que les créanciers sociaux ont un droit exclusif sur les biens sociaux, non seulement pendant la durée de la Société, mais même après sa dissolution.

Les créanciers personnels des associés seront ainsi exclus par les créanciers sociaux, soit pendant la durée de la Société, si une saisie est opérée par ces derniers, soit après la dissolution de la Société. Mais il faut savoir quel est le droit que leur oppose les créanciers sociaux.

---

(1) Guillouard. *Traité du contrat de société*, n° 273, p. 355; Voyez aussi P. Pont, *Sociétés civiles et commerciales*, n° 666; Thiry, *Revue critique de législation*, 1855, page 289 et s.

On ne peut pas invoquer contre eux l'obligation personnelle des associés de ne pas détourner les objets apportés en vue de l'entreprise et de surseoir au partage du fonds social jusqu'à l'époque stipulée. Ces ayants-cause à titre particulier ne sont pas, en effet, tenus des obligations de leurs auteurs. Eh bien, les partisans de ce système considèrent qu'il est erroné de considérer la masse des associés, ou le représentant au nom de la masse, comme nantis seulement d'un engagement personnel. Ce qu'ils détiennent c'est un droit réel, un droit portant directement sur le tout fonds social et, dès lors, opposable à le monde.

« Nous affirmons, dit M. Thaller (1), que l'affectation des choses communes au but de la société constitue une charge qui pèse sur ces choses elles-mêmes et qui équivaut à un véritable *droit réel* ».

« Il est vrai qu'on n'est pas autorisé à créer des droits réels en dehors de ceux que le Code a formellement consacrés. Mais c'est là une règle d'interprétation tracée par le Code civil en haine du régime féodal, et qui n'a eu d'autre objet que d'empêcher un retour à l'organisation foncière d'autrefois. Or, en quoi le fait d'obliger les tiers à respecter un contrat de société viendrait-il blesser les principes du droit moderne ? »

---

(1) Thaller : *Traité élémentaire du droit commercial*, 2ᵉ édition, n° 291, p. 175.

« La modalité qui affecte la copropriété des associés, dit aussi M. Boistel, je la qualifie de *servitude d'indivision*. Le terme de *servitude* convient d'autant mieux que cette modalité de la copropriété est dans une certaine mesure opposable aux tiers ; ce qui ne se concevrait pas s'il n'y avait pas là un véritable droit réel » (1).

M. Mongin arrive à la même conclusion. Il soutient que sous l'état d'indivision, le droit de chaque propriétaire se trouve diminué, limité dans ses prérogatives, par le droit non moins puissant appartenant aux autres, et c'est le droit ainsi diminué qui peut seul être transmis aux ayants cause. La copropriété confère à chacun le droit d'exiger que les biens restent dans le patrimoine collectif pendant tout le temps fixé par la convention ou par la loi ; elle mutile donc le droit de disposition attaché à la propriété ordinaire : les associés, qui ont mis des biens en société pour un certain temps, n'ont pas seulement contracté l'obligation personnelle de les laisser en commun, ils ont organisé pour la propriété elle-même une nouvelle situation juridique, ils ont créé au profit de la masse un droit qui est désormais à l'abri des actes individuels (2). La conséquence logique de

---

(1) Boistel : *Précis de Droit Commercial,* n° 158.

(2) Mongin : *Etude sur la situation juridique des Sociétés dénuées de personnalité,* Revue critique, 1890, p. 704.

ce régime est de donner au patrimoine social une vie propre à peu près comme s'il appartenait à une personne juridique.

M. Vandernotte, dans un article paru dans les *Annales de Droit commercial* (1) s'efforce d'apporter des arguments pour justifier cette opinion. D'après lui il y a deux régimes de copropriété : le régime naturel qui n'est pas consacré par une disposition légale, mais qui résulte des droits que la propriété confère, et le régime légal qui est réglementé et consacré par une disposition expresse.

Le premier régime de copropriété, le régime naturel, se caractérise en ce que chaque copropriétaire jouit et use des choses communes comme un propriétaire ordinaire. Mais afin que les actes des uns ne portent pas préjudice aux autres, il aurait fallu le consentement de tous pour qu'un acte de jouissance ou d'usage pût être accompli. L'intérêt général veut que cette situation mauvaise pour l'amélioration des biens ne se prolonge pas; la loi, pour sauvegarder cet intérêt général, a accordé aux communistes le droit de provoquer le partage. C'est en cela que consiste le régime légal de la copropriété. Les parties peuvent cependant revenir au régime naturel en renonçant au régime légal. C'est ce que dit l'article

---

(1) *Annales de Droit commercial,* 1898, n° 6, p. 437. Voyez aussi sa thèse : *De l'organisation des Sociétés civiles dans leurs rapports avec les tiers,* Paris, 1898.

815 C. civ. : « nul n'est contraint à demeurer dans l'indivision... On peut cependant suspendre le partage. »

Dans une société, les associés ayant suspendu le partage sont simplement revenus à l'état d'indivision naturelle dont l'effet est de créer un droit de propriété dont les attributs sont aux mains de l'ensemble des copropriétaires et non pas d'un seul.

Cette théorie, ainsi présentée, explique donc comment il se fait que la convention de surseoir au partage est opposable aux créanciers des communistes, même si l'on admet qu'ils ont un droit propre à intenter l'action.

Mais il faut remarquer que cette indivision sociale est par son essence une indivision volontaire. C'est donc la volonté des parties qui aura, en dernière analyse, pour effet de créer une masse de biens indisponible pour les titulaires agissant individuellement mais affectée en même temps aux seuls créanciers sociaux.

D'autres auteurs, tout en refusant d'admettre la masse des associés ou le représentant au nom de la masse comme nantis d'un droit réel, d'un droit portant directement sur le fond social et dès lors opposable à tout le monde, arrivent cependant à la même solution par d'autres moyens.

Ils soutiennent qu'on ne peut pas, sans tomber en désaccord avec les principes du droit, considérer l'actif sans se préoccuper du passif, car, comme dit le jurisconsulte Paul (1) : *Bona non intelliguntur nisi deducto œre alieno* et, spécialement en matière de société, le même jurisconsulte a dit : *Lucrum non intelligitur nisi omni damno deducto* (2). On doit donc conclure « qu'une dette de société est imprimée sur l'avoir social, et l'un des associés qui veut retirer son lot par le partage doit subir un retranchement pour les dettes auxquelles l'opération sociale a donné lieu.

Or, le créancier d'un associé qui n'a pas contracté avec la société, ne peut exercer contre la caisse commune que les droits de l'associé son débiteur ; il ne peut y puiser que ce que ce dernier y pourrait prendre. Et comme l'associé est obligé de souffrir le prélèvement des dettes de la société, le créancier qui exerce ses droits ne saurait être de condition meilleure (3).

On remarque encore que si un des associés a acquitté certaines dettes de la société il sera non seulement subrogé dans les droits du créancier, mais il aura le droit de prélever avant le partage une somme égale à celle qu'il a déboursée sans que les créanciers personnels des associés puissent s'y opposer ; cela résulte, dit-on, des articles 830 et 1872 du Code civil. Le premier dispose que les cohéritiers

---

(1) L. 39. D. *De verb.*
(2) L. 30. D. *Pro socio.*
(3) Troplong, *Du contrat de société*, II, n° 865, p. 353.

du débiteur prélèvent une partie égale au montant de la dette et cette disposition, conformément à l'article 1872 C. civ. doit être appliquée aux sociétés (1).

Les associés, quand ils ont acquitté certaines dettes communes, doivent donc être payés par préférence aux créanciers personnels des associés, et si les associés ont ce droit quoiqu'ils ne soient que les subrogés des créanciers sociaux, *a fortiori* on doit l'accorder à ces créanciers eux-mêmes.

Nous ne saurions nous rallier à aucun de ces systèmes. Nous croyons qu'on ne peut attribuer aucun droit de préférence aux créanciers sociaux par rapport aux créanciers personnels des associés, pas même, comme admettent les partisans du premier système, un droit de préférence qui durera seulement pendant la durée de la société. Car, comme le remarque M. Laurent, il est difficile de concevoir un droit de préférence temporaire et accidentel. Temporaire, car il existe pendant la durée de la société; accidentel car la société peut se dissoudre par un simple accident : la mort, la déconfiture ou l'interdiction de l'un des associés. Cette doctrine est d'ailleurs pleine de contradictions. Supposons un créancier qui intente une action contre la société; pendant

---

(1) « Les règles concernant le partage des successions, la forme de ce partage et les obligations qui en résultent entre les cohéritiers s'appliquent aux partages entre associés ». Art. 1872 C. civ.

l'instance la société se dissout. Aura-t-il un droit de préférence ? Si on admet la négative on se met en contradiction avec le principe qui fait rétroagir les jugements au jour de leur demande. Admet-on l'affirmative ? On se met en contradiction avec la doctrine elle-même qui le lui refuse après la dissolution de la société (1).

Nous croyons aussi qu'il est difficile d'admettre un droit de préférence qui subsiste même après la dissolution de la société. Nous croyons qu'alors on ne peut plus faire de distinction entre les créanciers sociaux et les créanciers personnels des associés. Tous doivent concurremment aspirer aux biens appartenant à leur débiteur, peu importe qu'il s'agisse des biens provenant de la société ou des biens provenant d'ailleurs. En effet, par le contrat constitutif de société, les associés se sont engagés les uns envers les autres à ne retirer leurs apports que seulement pendant la durée de la société pour ne pas entraver la marche de la société.

Mais même si nous admettons qu'il s'agit d'un droit réel, — soit servitude d'indivision, soit copropriété indivise, — ce droit ne peut se produire et exister qu'en vertu de la convention sociale.

A la dissolution de la société la convention sociale n'existe plus car elle existait en vue d'un but qui a

---

(1) Laurent, t. XXV, n° 360.

été soit réalisé soit abandonné. L'article 1860 ne peut plus s'appliquer ici, car l'obligation qu'il sanctionnait résultant de la convention sociale n'existe plus, et par suite le droit réel, qui avait sa source soit dans la convention sociale soit dans les termes de l'art. 1860, ne peut plus être opposé. Et dès lors on ne peut plus faire de distinction entre les créanciers sociaux et les créanciers personnels des associés car il s'agit d'une communauté ordinaire, d'un cas d'indivision soumis aux règles du droit commun. Et comme les communistes peuvent aliéner leurs parts, leurs créanciers personnels peuvent saisir et faire vendre la part de leur débiteur.

L'adage *Bona non intelliguntur nisi deducto œre alieno* ne nous arrêtera pas. Il signifie que le patrimoine d'une personne ne peut être considéré isolément des dettes qui le grèvent ; il doit être transmis avec ces dettes à ses successeurs universels ou à titre universel. Si la société était investie de la personnalité, les associés ne pourraient acquérir les biens dont elle se compose que déduction faite des dettes. Mais dans le cas qui nous occupe on ne peut pas parler du patrimoine, c'est-à-dire de l'ensemble des biens et des dettes qui se rattachent à une personne, car nous avons supposé que la société n'est pas investie de la personnalité civile : les biens de la société forment en réalité partie du patrimoine de chaque associé.

D'autre part, le second argument en faveur du

système que nous combattons, l'art. 830, qui autorise un prélèvement en faveur des cohéritiers, ne peut pas être étendu aux créanciers sociaux, car si les premiers ont ce droit ce n'est pas en qualité de créanciers mais en qualité de propriétaires : « La loi considérant que l'héritier débiteur a déjà reçu une fraction de la part à laquelle il a droit (laquelle fraction consiste en ce qu'il doit et qu'il ne rapporte pas), autorise ses consorts, avant d'aller plus loin, à prendre aussi dans la masse une fraction égale. C'est comme si le partage se faisait en deux fois : à la première fois, l'héritier débiteur reçoit, en moins prenant, ce qu'il doit et les autres obtiennent une valeur égale ; à la seconde, tous reçoivent le restant de leur part » (1).

Il en résulte évidemment que le droit dont parle l'art. 830 ne peut pas appartenir aux créanciers héréditaires ni constituer à leur profit un privilège : ce droit n'appartiendra pas non plus aux créanciers sociaux.

La conséquence pratique de la théorie que nous défendons est d'ailleurs considérable : « Supposons, dit M. Laurent, que les créanciers sociaux saisissent les biens de la société et les fassent vendre ; auront-ils un droit exclusif sur les deniers provenant de la vente ?

---

(1) Thiry, *Des rapports existant dans les sociétés civiles entre les associés et les tiers*, Revue critique de législation, 1855, t. VII, p. 310.

Non, les créanciers des associés se présenteront à la distribution et seront colloqués. Pourquoi les admettons-nous à la contribution, alors que nous ne leur permettons pas la poursuite? Parce que le motif pour lequel ils ne pouvaient agir sur les biens sociaux vient à cesser, une fois que les biens se distribuent entre les créanciers. S'il n'y a plus rien d'indivis entre les associés, puisque les biens indivis sont vendus, les deniers appartiennent aux créanciers; or, parmi les créanciers se trouvent les créanciers des associés. Les exclure, c'est leur enlever une partie de leur gage, car une partie des biens vendus appartenait à l'associé, leur débiteur; de quel droit les créanciers sociaux les priveraient-ils de ce gage que la loi leur donne? » (1).

Section II.

COMPENSATION.

Les principes que nous venons d'exposer, à propos des droits qui appartiennent aux créanciers de la société et aux créanciers personnels des associés sur le patrimoine social, nous serviront à résoudre une question très importante relative à la *compensation*.

---

(1) Laurent, loc. cit.

§ I. — Tiers débiteur de la société et créancier d'un associé.

On s'est demandé si les débiteurs de la société peuvent opposer en compensation les créances qu'ils ont contre l'un des associés.

Si l'on admet que la société forme un être moral, on doit répondre négativement. En effet comme la société forme une personne distincte de celles des associés, c'est elle qui est créancière et l'associé personnellement qui est débiteur. L'une des conditions exigées par l'article 1289 n'est pas remplie, les deux mêmes personnes ne sont pas respectivement créancières et débitrices : la compensation ne peut donc avoir lieu (1).

Mais on a prétendu que même si la personnalité n'existe pas, cette solution doit être admise pendant la durée de la société. C'est le système de MM. Thiry (2) et Pont (3) adopté par M. Guillouard (4). D'après ces auteurs, les créanciers personnels des associés n'ont pas pour gage l'actif social tant que dure la société, et il s'ensuit que devenus débiteurs de la société ils

---

(1) MM. Lyon-Caen et Renault, *Traité de droit commercial*, 3ᵉ éd. 1900, n° 113, p. 90 ; Demolombe, *Cours de Code civil*, XXVIII, n° 566 ; Troplong, *Du contrat de société*, n° 79 ; Toullier VII, n° 378. — Comparez : Cass. 17 déc. 1853, Sirey, 1854, 1, 701 ; Dalloz 1854, 1, 25 ; *Journal du Palais*, 1855, II, p. 396.

(2) Thiry : article cité, *Revue critique*, VII, p. 302.

(3) Pont : *Sociétés*, n° 670, p. 469.

(4) Guillouard : *Sociétés*, n° 274, p. 350.

ne peuvent pas lui opposer en compensation leurs créances personnelles sur l'un des associés. En effet, la compensation équivaut à un double paiement et comme la dette de l'associé ne peut pas être payée avec les fonds de la société, toute compensation est impossible.

Ces auteurs reconnaissent cependant que la situation est différente si le créancier de la société, au lieu de devenir débiteur de l'un des associés, devient débiteur de la société elle-même. Le débiteur pourra, dans ce cas, opposer à la société en compensation la créance qu'il a contre elle, pour cette raison toute simple « que les créanciers sociaux peuvent poursuivre leur paiement sur les biens de la société et sur les créances aussi bien que sur les autres choses, en sorte que rien ne s'oppose à ce qu'une créance sociale soit demandée en paiement, et qu'ainsi rien ne fait obstacle à la compensation (1) ».

§ II. — Tiers créancier de la société et débiteur d'un associé.

Renversons les rôles et supposons que le tiers, au lieu d'être débiteur de la société et créancier d'un associé, devienne, au contraire, créancier de la société

---

(1) Thiry, article cité.

et en même temps débiteur de l'un des associés. Dans ce cas, la majorité des auteurs reconnaît la possibilité d'une compensation partielle : poursuivi par l'associé, le créancier de la société lui opposera qu'il est son créancier personnel pour une part de la créance sociale, qu'il a dans cette mesure une action directe et principale contre lui, et que sa propre dette se trouve ainsi éteinte jusqu'à due concurrence.

Des auteurs sont cependant allés plus loin. Ils considèrent qu'indépendamment de la personnalité on doit exclure toute possibilité de compensation entre les créances et les dettes de la société et celles qui sont personnelles aux associés.

C'est ainsi que M. Mongin considère que la solution qui accorde ou n'accorde pas de compensation possible, suivant qu'il s'agit d'un créancier ou d'un débiteur de la société, « ne donne pas à l'esprit satisfaction complète ». La raison se trouve froissée par un défaut d'harmonie difficile à justifier. D'autre part, il est peu conforme à l'équité et à l'intention des parties d'employer le bien personnel d'un associé pour l'acquittement d'une dette sociale : « le créancier qui en fait a traité avec la société qui la considère comme son débiteur, ne devrait-il pas tout au moins commencer la poursuite par l'administrateur? Pourquoi forcer l'associé à payer en première ligne et à exercer ensuite un recours contre la société, alors que souvent l'affaire dont il s'agit lui est étrangère et qu'il est dans l'impossibilité de vérifier si la créance a une existence indiscutable (1). »

C'est pour ces motifs que M. Mongin se propose d'arriver à une solution qui puisse donner au patrimoine une vie propre « pour tenir mieux compte de l'intention commune et de la réalité des faits ».

Dans les sociétés en nom collectif, le créancier de la société est en même temps créancier personnel de chaque associé et cependant il ne peut agir, d'après l'avis d'auteurs considérables, qu'à la suite d'une mise en demeure préalable de la société.

Dans une société dénuée de personnalité, les parties peuvent valablement stipuler une pareille clause; « or, ne pourra-t-on dans bien des cas la sous entendre? l'intention des parties n'est-elle pas marquée avec assez de netteté à cet égard lorsque l'obligation est contractée par une personne agissant au nom de la société, comme administrateur du patrimoine social? Est-il besoin d'indiquer expressément que le créancier devra adresser une sommation à l'administrateur avant d'agir personnellement contre chaque associé? (2). »

On voit bien que, si on suit cette idée, on doit écarter, dans le cas qui nous occupe, la compensation. L'intention présumée des parties, en obligeant

---

(1) Mongin, *Situation juridique des Sociétés dénuées de personnalité, Revue critique*, 1890, p. 711.

(2) Article cité, p. 712.

le créancier à mettre en demeure tout d'abord la société, lui enlève le droit de compenser la créance qu'il a contre l'associé avec la dette dont il est tenu envers la Société.

C'est à la même conclusion qu'arrive M. Thaller : « Compenser, dit l'éminent jurisconsulte, c'est payer. Or, comment un associé, pour s'affranchir d'une dette pesant sur lui, emploierait-il à se libérer l'argent de la société? Comment le débiteur des associés emploierait-il, à remplir son engagement envers le groupe de ses créanciers, de l'argent que lui doit l'un d'eux seulement, une somme qui n'a pas pour destination d'entrer dans la caisse sociale et qui certainement n'y entrera pas? » (1).

Nous croyons au contraire avec MM. Laurent, Lyon-Caen et Renault, que la compensation doit toujours s'opérer si la société n'est pas investie de la personnalité morale. Dire dans ce cas qu'elle n'est pas débitrice ou créancière, c'est dire que les créanciers le sont; dès lors, les dettes et les créances sociales se compenseront avec les créances et les dettes que possèdent les associés personnellement.

L'article 1860 ne nous arrêtera pas; il résulte de cet article, comme nous l'avons vu, que les créanciers sociaux ont le droit de saisir et faire vendre les

---

(1) Thaller, *Traité élémentaire de droit commercial*, 2ᵉ éd., n° 307, p. 184.

biens de la société, à l'exclusion des créanciers personnels des associés.

Mais ce droit de saisie qui manque aux créanciers personnels ne les empêche pas d'avoir un droit de gage sur les biens de la société. Ils ont un droit de gage sur tous les biens et droits de leur débiteur, donc aussi sur les droits qu'a leur débiteur dans le fonds social.

Section III

CARACTÈRE MOBILIER DU DROIT DES ASSOCIÉS

Une question importante est de savoir quelle est la nature du droit des associés. Ce droit est-il mobilier seulement quand la société est investie de la personnalité morale ou, au contraire, ce droit est-il toujours mobilier indépendamment de toute idée de personnalité?

La question de savoir quelle est la nature de l'intérêt ou de l'action se présente au sujet des modes de cession ou de constitution en gage de ces droits. Lorsque les titres des associés affectent la forme nominative, à ordre ou au porteur, les formalités à remplir pour la validité de la cession ou du gage à l'égard des tiers ne sont pas douteuses. La cession se fait par un transfert sur des registres à ce destinés dans le premier cas, par un endossement dans le second et par une simple tradition dans le troisième,

De même quand, à raison de la nature de la dette garantie, le gage est commercial, on applique les formalités qui sont déterminées par l'art. 91 du Code de commerce modifié par la loi du 29 mai 1863.

Mais la difficulté devient grande quand les droits des associés ne sont pas constatés par des titres affectant l'une des formes commerciales ou quand les titres ayant l'une de ces formes, le gage est purement civil. Dans toutes ces hypothèses faut-il appliquer les articles 1690 et 2075 du Code civil ? Pour répondre à cette question il faut connaître préalablement la nature des droits des associés, car s'il s'agit des droits de créance ces dispositions seront toujours applicables.

Examinons d'abord la nature du droit des associés dans les sociétés qui ne sont pas revêtues de la personnalité morale.

L'action ou l'intérêt contient non seulement un droit aux bénéfices mais encore un droit au partage futur ; ce dernier droit se forme avec la convention sociale. Il existe donc *durante societate*. Chercher la nature du droit des associés, c'est chercher le caractère du droit aux bénéfices et le caractère du droit de prendre part au partage du fonds social.

Au point de vue du droit aux bénéfices, on peut dire que c'est un droit de créance, et encore une créance d'une nature particulière : ce sont les associés eux-mêmes qui fixent l'emploi des bénéfices et les répartitions qui seront faites à chacun d'eux. Au contraire, si on considère le droit des associés comme portant sur le fonds social on ne peut pas dire qu'il constitue un droit de créance. Chaque associé a un droit de propriété sur le fonds social : il est copropriétaire avec ses coassociés mais chacun a abandonnné une partie des prérogatives attachées à son droit : ils se sont obligés les uns les autres à ne pas aliéner leurs parts ou à les grever d'un droit réel. Tout cela dans leur intérêt pour que la société puisse atteindre plus facilement le but proposé.

De tout ce que nous venons de dire il se dégage que le droit de l'associé est d'une nature complexe ; il nous apparaît comme étant à la fois un droit réel et un droit personnel. Mais comme tout droit ne peut être que d'une seule nature réelle ou personnelle, un examen plus attentif nous révèlera son véritable caractère. Si nous observons plus minutieusement les choses, nous verrons que dans ce double droit, un droit n'est que la conséquence de l'autre. La question est de connaître le caractère du droit principal car ce sera sa nature qui déterminera le caractère du droit complexe. Supposons, par exemple, le droit de l'acheteur d'un immeuble loué. Son droit est à la fois un droit de créance contre le locataire et un droit réel sur le fonds acheté. Mais comme le droit de créance n'est que la conséquence du droit réel, car on n'a ce droit qu'en qualité de nouveau propriétaire, le droit de l'acheteur sera réel, car c'est le caractère du droit principal qui détermine, comme nous l'avons dit, la nature du droit complexe.

En vertu de ce principe nous dirons que le droit des associés est un droit réel car quoique les associés aient un droit aux bénéfices, par conséquent un droit de créance, ils n'ont ce droit qu'en qualité de copropriétaires du fonds social. C'est ce qu'exprime notre illustre maître M. Lyon-Caen dans une note publiée dans Sirey : « dans les sociétés civiles qui ne sont pas de personnes morales, l'associé est avant tout copropriétaire du fonds social, et à titre accessoire cette qualité lui donne droit à des dividendes (1) ».

Considérons au contraire la société investie de la personnalité et examinons dans ce cas la nature du droit des associés.

Dans un premier système présenté par Labbé, on soutient que dans ce cas comme dans le cas précédent, il s'agit d'un droit de copropriété.

On nous fait remarquer que si un associé demande le partage après la dissolution de la société, il se présente, non pas en qualité de créancier mais en qualité de copropriétaire du fonds social. Et alors, si l'associé est investi de la propriété dès l'instant de la dissolution, son droit a forcément le même caractère pendant la durée de la société : car on ne peut

---

(1) Note de M. Lyon-Caen dans Sirey, 1882, 2, 25.

pas concevoir comment un droit peut changer de nature par le seul fait de la disparition de l'être social, qu'une simple créance se transforme *ipso jure* sans aucun paiement, sans aucune tradition en droit de propriété (1).

Nous ne saurions nous rallier à cette théorie. Nous croyons que le point de départ n'en est pas exact. Oui, il est vrai de dire qu'un droit ne peut pas changer de nature *ipso jure*. Mais ce ne serait pas une transformation *ipso jure* si on considère que l'associé a un droit de créance pendant la durée de la société et un droit réel après la dissolution : le droit de créance se transforme en un droit réel par l'effet du partage et si cette transformation est considérée comme existante dès la dissolution de la société, c'est en vertu de l'effet déclaratif du partage.

Dans un deuxième système on considère que le droit de l'associé est d'une nature particulière, un droit *sui generis* qui n'est ni un droit de copropriété ni un droit de créance. C'est le système présenté par M. Beudant dans une remarquable étude publiée dans la *Revue critique de Droit* (2) : « Ce n'est ni un droit de propriété ni de copropriété car la société, personne morale, est seule, tant qu'elle existe, propriétaire du fonds social ; ce n'est pas non plus un droit

---

(1) Note de M. Labbé dans Sirey, 1881, 2, 249.
(2) *Revue critique de Droit*, 1869, p. 154.

de créance, car les associés sont garants des dettes sociales, indéfiniment ou jusqu'à concurrence de leur mise, selon les cas, et ils ne pourraient pas, comme les porteurs d'obligations par exemple qui sont, eux, de véritables créanciers, faire mettre la société, leur débiteur, en faillite. L'intérêt, en prenant ce mot dans son acception générique, comme comprenant l'intérêt proprement dit et l'action, est un droit spécial : c'est le droit que l'associé acquiert en échange de son apport, droit éventuel à une part des bénéfices tant que la société existe, à une part du fonds social quand elle est dissoute. »

Comme conséquence de ce principe, M. Beudant est conduit à ne pas appliquer aux cessions d'intérêts les dispositions des articles 1690 et 1691 du Code civil. La propriété d'un droit cédé se transmet en général non seulement entre les parties mais même à l'égard des tiers par le seul effet de la cession. Les articles 1690 et 1691 apportent, il est vrai, une exception à cette règle mais une exception qui est formellement restreinte par le texte : elle ne s'applique que quand il s'agit des créances proprement dites, c'est-à-dire des créances ayant pour objet soit le paiement d'une somme d'argent soit la livraison de choses mobilières déterminées seulement quant à leur espèce. C'est en vertu de ces considérations que M. Beudant arrive à conclure que : « le cessionnaire des droits d'un associé est saisi du jour où l'acte de cession a acquis date certaine, sans qu'il soit besoin de signification soit aux autres associés, soit à la personne morale société, ou d'acceptation par acte authentique ».

Les observations présentées par M. Beudant sont très exactes, cependant on ne doit pas conclure qu'il ne s'agit ni d'un droit réel ni d'un droit de créance. Tout droit ne peut être que réel ou personnel. Le droit de l'associé n'est ni un droit de propriété ni un autre droit réel : nous devons conclure qu'il s'agit d'un droit de créance, mais un droit de créance d'une nature particulière. Pour s'en convaincre il suffit d'examiner les droits que confère la qualité d'associé. Ces droits, nous avons vu qu'on peut les ramener à deux : 1° réclamer sa part dans les bénéfices et 2° prendre part au partage de l'actif social après la dissolution de la société. Or « tant que la société dure, le droit de l'associé, comme le remarque très justement M. Lyon-Caen, se réduit au droit d'exiger des dividendes ; il n'a pas d'autre droit pécuniaire, car la propriété des biens sociaux n'appartient pas par indivis aux associés, elle appartient à la société, considérée comme personne morale distincte des associés. Ce droit d'exiger des dividendes n'est pas autre chose qu'une créance. Le droit de prendre part au partage du fonds social que l'associé doit avoir lors de la dissolution de la société ne doit pas être considéré pour déterminer la nature du droit de l'associé *durante societate*. La loi elle-même nous autorise bien à en faire abstraction quand elle range les intérêts et les actions dans la classe des meubles encore que des immeubles appartiennent à la société et qu'en conséquence les associés puissent devenir copropriétaires d'immeubles après la dissolution ».

L'article 529 du Code civil déclare que « les actions ou intérêts dans les compagnies de finance, de commerce ou d'industrie, encore que des immeubles dépendants de ces entreprises appartiennent aux compagnies, sont réputés meubles tant que dure la la société, mais à l'égard de chaque associé seulement ».

Cet article est fondé sur cette idée que, la société étant considérée comme une personne morale, c'est sur sa tête que réside la propriété du fonds social (1) ; et par suite les associés n'ont aucun droit de propriété sur ces immeubles : ils sont les créanciers de la personne morale.

Goupil-Prefeln, dans son rapport au Tribunat, indiquait expressément qu'il s'agit ici des sociétés de commerce qui sont revêtues de la personnalité morale : « chacune de ces compagnies est une personne morale qui agit, administre et régit les affaires de l'association, d'après les statuts qui règlent le nombre, la qualité et les attributions de chacun de ses agents...

---

(1) Voyez contrairement à cette opinion les explications données par M. Thaller, dans son *Traité élémentaire de droit commercial*, 2e éd. nos 278 et 312.

tant que dure la société, l'associé n'est pas propriétaire de sa portion de l'immeuble dont il ne peut user mais de sa portion dans la valeur de cet immeuble (1) ».

Treilhard exprimait la même idée : « Chacune de ces compagnies est une personne morale ; chacun des sociétaires ou intéressés ne pourrait sans doute hypothéquer sa portion virile dans les immeubles et son droit se borne à demander soit son dividende d'après le contrat de société, soit lors de la dissolution la liquidation de sa portion afférente dans l'association ; mais tant que dure la société, il n'est pas propriétaire de sa portion dans l'immeuble dont il ne peut user, mais de sa portion dans la valeur de cet immeuble (2) ».

Du caractère mobilier des actions et intérêts dans les sociétés revêtues de la personnalité morale il résulte plusieurs conséquences : c'est ainsi que le droit d'associé d'un époux marié sous le régime de la communauté légale tombe dans l'actif de la communauté ; d'autre part ce droit étant considéré comme meuble n'est pas susceptible d'être hypothéqué et c'est aussi pour cela que les hypothèques judiciaires

---

(1) Locré : *Législation civile et commerciale,* VIII, p, 66.

(2) C'est ce qu'il exprimait aussi autre part : « Observons cependant que les actions ou intérêts dans les compagnies de commerce, d'industrie ou de finance, ne sont réputées meubles qu'à l'égard de chaque associé seulement et tant que dure la société ; *car les immeubles appartenant à l'entreprise* sont toujours immeubles sans contredit, à l'égard des créanciers de ces compagnies, et ils

qui grèvent les biens d'un associé ou encore l'hypothèque légale de sa femme ou de son pupille ne peuvent pas porter sur les immeubles sociaux dans une mesure proportionnelle à la part sociale de cet associé. Enfin, en vertu du même principe, la cession d'une part d'associé n'est pas soumise à la formalité de la transcription, alors même que des immeubles appartiennent à la société (1).

Section IV.

Droit d'agir en justice.

Lorsqu'une obligation se forme entre une société revêtue de la personnalité morale et un tiers il en résulte une créance unique, celle de la société, et, en cas de contestation, la société peut assigner ou être assignée en justice en son propre nom. Ainsi le débat ne s'engage qu'entre la société et le tiers. Mais, en cas de condamnation de la société, les associés quoi qu'ils ne soient pas intervenus au débat, seront tenus de satisfaire à la condamnation rendue sans qu'il soit

---

sont encore immeubles à l'égard des associés lorsque, la société étant rompue, il s'agit d'en régler et d'en partager les bénéfices et les pertes ». Locré, *Législation civile et commerciale,* VIII, p. 56.

(1) Lyon-Caen et Renault, *Traité de droit commercial,* 3ᵉ éd., II, n° 108, p. 85.

besoin pour cela d'engager un nouveau procès, car, « si la fiction de la personnalité permet d'agir en justice sous un seul nom et par l'intermédiaire d'un seul gérant, celui-ci est en réalité le représentant des associés, et les condamnations prononcées contre la société sont, en fait, prononcées contre eux » (1).

La situation est tout à fait différente quand la société n'est pas revêtue de la personnalité morale. Elle ne peut ni adresser ni recevoir *en son nom* aucune assignation car, dans ce cas, il y a autant de droits et d'obligations qu'il y a d'associés (2). Par suite, le débiteur peut être poursuivi par chaque associé pour sa part et le créancier doit diviser son action entre les associés dans la mesure de leur part.

Pour faciliter la marche de la société on nomme un associé comme gérant : il représentera les autres associés dans leurs relations avec les tiers. En cette qualité de mandataire des autres associés l'associé gérant peut recevoir le paiement des dettes sociales, mais il ne s'ensuit pas qu'il puisse poursuivre en son nom le débiteur pour le tout, car il faut tenir compte de la maxime : « nul ne plaide en France par procureur ». Voici comment M. Glasson explique le sens de cette maxime : « Elle ne veut pas dire, et per-

---

(1) Cassagnade, *De la personnalité des sociétés civiles et commerciales*, p. 244.
(2) Calmet de Santerre, VIII, p. 46.

sonne ne l'a jamais soutenu, que Secundus, ayant un procès et ne pouvant y vaquer lui-même, ne puisse confier à Primus la direction de ce procès, le choix de l'avoué et le soin de faire tous les actes qui se rattachent au procès. Cela veut seulement dire que, malgré la direction du procès confié à Primus, le nom de Secundus doit figurer personnellement dans l'exploit ; les condamnations à prononcer doivent l'être contre Secundus, et non pas contre Primus, mandataire ; enfin le mandataire Primus ne peut être admis à figurer dans l'instance qu'en justifiant des pouvoirs qu'il a reçus de Secundus. Voilà absolument et uniquement le sens de l'ancienne maxime nul ne plaide en France par procureur ».

Cette maxime exige donc que le titulaire du droit ou de l'obligation figure en nom dans l'instance. Et comme les droits et les obligations reposent directement sur la tête de chaque associé il faudra faire figurer dans les actes de procédure dirigés contre un tiers les noms de tous les associés ; et, si la société est poursuivie, il faut autant d'exploits qu'il y a d'associés car chacun doit être mis en cause personnellement. L'article 61 Pr. civ. exige encore que cette désignation fasse connaître exactement les noms, professions et domiciles des parties.

Ce sont là des nécessités fâcheuses car elles créent les difficultés les plus graves : la procédure peut devenir, dans les cas où la société est nombreuse, tellement compliquée qu'on se verrait forcé de renoncer à toute possibilité d'agir en justice. En face de ces conséquences on est en droit de se demander si la maxime « nul ne plaide par procureur » existe bien toujours.

On invoque, pour prouver que la maxime est toujours en vigueur, un argument *a contrario* tiré de plusieurs dispositions législatives : la loi du 8 novembre 1814 (art. 14) sur la dotation de la liste civile déclare que le ministre de la maison du roi dirigera les actions et défendra aux procès qui intéresseront la couronne. Une loi plus récente, celle du 2 mars 1832, consacre le même principe et l'article 22 du sénatus-consulte du 12 décembre 1852 portait que les actions concernant la dotation de la couronne et le domaine privé seront dirigées par ou contre l'administrateur de ce domaine (1).

On comprend l'argumentation. Ces textes maintiennent l'exception ; ils reproduisent donc virtuellement la règle, car l'exception ne peut exister que s'il y a une règle à laquelle elle déroge.

M. Naquet conteste le caractère et la signification des dispositions qu'on invoque : « Pour moi, dit-il, j'estime que ces dispositions n'ont eu ni pour but ni pour objet de rappeler l'exception à la règle, et ce qui le prouve, c'est qu'elle s'explique naturellement

---

(1) Glasson, *Procédure civile*, I, p. 169.

si l'on suppose un principe opposé. Si l'on suppose, en effet, la liberté absolue de la représentation, il sera tout naturel que la loi désigne ceux qui devront représenter le souverain. N'est-ce point ainsi qu'on agit toutes les fois qu'on veut sauvegarder les droits des personnes qui, par leur situation, ne peuvent comparaître en justice ? La loi ne nomme-t-elle pas les mandataires des mineurs, des interdits, des faillis ? Eh bien ! dira-t-on que la vieille maxime est consacrée parce que le Code civil choisit le tuteur pour représenter le mineur en justice ? » (1).

Il faut ajouter encore qu'un usage de procédure ne peut être invoqué que s'il est postérieur au Code car l'article 1041 C. pr. dispose que toutes les lois, coutumes, usages et règlements relatifs à la procédure seront abrogés. Et cependant cette maxime a toujours été consacrée par la jurisprudence. Mais il faut remarquer que la règle n'a pas été appliquée avec une rigueur absolue en matière d'association.

C'est ainsi que la Cour de cassation a déclaré recevable l'action en remboursement formée par le secrétaire d'un comité d'assureurs maritimes contre des compagnies d'assurances ayant adhéré aux statuts de ce comité dont elles faisaient partie, et, d'après lesquels un secrétaire était nommé à l'effet d'exécuter

---

(1) Naquet, De la maxime que « nul en France ne plaide par procureur si ce n'est le roi ». *Revue critique de législation et jurisprudence*, t. IV, année 1875, p. 650.

les délibérations de l'association. Tout cela parce que la Haute-Cour considère la maxime « nul ne plaide par procureur » comme n'étant pas d'ordre public et que par suite il est permis de déroger par des conventions particulières (1).

« Attendu, dit l'arrêt de la Cour de cassation (2), qu'il résulte des constatations de l'arrêt attaqué, qu'aux termes de l'art. 8 des statuts du comité des assureurs maritimes, un secrétaire est nommé, pour un temps déterminé, à l'effet d'exécuter les délibérations de cette association ; que ce secrétaire est constitué le mandataire de tous les membres du comité et investi des pouvoirs nécessaires pour effectuer les déboursés que comportent les opérations et pour en réclamer le remboursement par les voies de droit ; que la Compagnie *le Neptune*, en adhérant aux statuts de ce comité dont elle faisait partie, a renoncé par avance à se prévaloir de la maxime que « nul en France ne plaide par procureur » maxime qui n'est pas d'ordre public, et à laquelle il est permis de déroger par des conventions particulières. »

Ainsi la règle ne s'applique pas si la société a donné aux tiers, lors de la conclusion du contrat, connais-

---

(1) Bonfils, *Traité de procédure*, n° 643 in fine ; Aubry et Rau, t. VIII, p. 135, § 748 bis ; Mourlon, *Répétitions écrites sur le Code de procédure*, n° 183, c ; Garsonnet, *Traité de procédure civile*, I, § 119 ter., p. 488 et *Précis de procédure civile*, n° 140.

(2) Cass. req. 13 nov. 1895 ; Sirey, 1896, 1, 141.

sance suffisante des statuts. Le tiers pourra assigner la société dans la personne du président, et celui-ci pourra poursuivre le tiers, sans qu'on puisse se prévaloir du vice de forme, car on a renoncé implicitement à s'en servir. Ce sont d'ailleurs les conséquences qui dérivent du principe formulé par la jurisprudence.

Mais dans le cas où la société n'a pas donné aux tiers une connaissance suffisante des statuts, la règle « nul ne plaide par procureur » s'applique dans toute sa rigueur; elle ne s'applique pas, comme nous l'avons vu, quand il s'agit d'une société personne morale. Et c'est en cela que diffèrent encore les sociétés revêtues de la personnalité morale et celles qui ne le sont pas (1).

(1) Voyez *contra* M. Thaller dans son *Traité élémentaire de droit commercial*, 2ᵉ éd., n° 306, p. 181 et s.

CHAPITRE IV

L'ASSIMILATION ENTRE LES PERSONNES MORALES ET LES PERSONNES PHYSIQUES EST-ELLE COMPLÈTE ?

Section I.

LA THÉORIE DE LA CAPACITÉ DES PERSONNES MORALES ET SON APPLICATION AUX SOCIÉTÉS.

Le législateur s'est occupé quelquefois de la capacité de certaines personnes morales. Ainsi nous pouvons citer les articles 910 et 937 C. civ., applicables seulement aux personnes morales d'utilité publique ; la loi du 24 mai 1825 (1) relativement à la capacité des congrégations religieuses de femmes ; la loi du 21 juin 1865 (2) sur la capacité des associations syndicales et la loi du 1ᵉʳ avril 1898 sur la capacité des sociétés de secours mutuels.

---

(1) Art. 4 § 1, ne leur permet d'acquérir par acte gratuit qu'à titre particulier.

(2) Art. 3, leur permet d'ester en justice par les syndics, d'acquérir, de vendre, d'échanger, de transiger, d'emprunter et d'hypothéquer.

Mais quand il s'agit des sociétés commerciales, qui sont des personnes morales pour lesquelles on ne trouve formulé aucune disposition légale relative à leur capacité, quelle est la règle qu'on doit suivre? Deux systèmes se trouvent en présence : l'un absolument libéral, reconnaissant aux personnes morales les mêmes droits qu'aux personnes physiques, l'autre, au contraire, restreignant la sphère de leur activité dans des limites telles qu'on y pourra atteindre le but en vue duquel elles ont été créées (1).

(1) M. Beudant, dans une note publiée dans Dalloz 1879, I, 5, tente de rapprocher les deux systèmes qui semblent si différents. En effet les partisans de la capacité absolue reconnaissent eux-mêmes « que l'être moral reçoit avec la vie l'indication de la carrière qu'elle doit parcourir ; il n'est jamais reconnu par l'État qu'avec une destination définie et un caractère spécial. »

M. Beudant conclut qu'on ne saurait mieux dire et ce n'est qu'au point de vue théorique et purement abstrait que peut être posée la question de la capacité de l'être juridique : « en fait, si les personnes morales n'existent que dans la mesure de la vie artificielle qui leur est octroyée, il en résulte, quoique la personnalité civile comporte théoriquement l'aptitude à la puissance de n'importe quel droit, que la personnalité civile n'exercera ses droits que dans la sphère d'activité déterminée par la loi qui la créée ou par les statuts qu'elle s'est donnés. »

Nous sommes conduits à admettre conformément à cette théorie que les personnes morales sont incapables de recevoir des libéralités pour une autre destination que celle qui leur est assignée. C'est ce que M. Beudant exprime dans une autre note publiée dans Sirey, 1879, II, 337. — Ce système de M. Beudant peut être appelé celui de la capacité relative. Il ne s'agit pas d'une capacité absolue relative à toutes les manifestations de la vie juridique, mais d'une capacité restreinte dans les limites tracées par la loi qui l'a créée ou les statuts qu'elle s'est donnés. Nous ne pouvons pas admettre l'opinion du savant jurisconsulte. Nous

Les partisans de ce dernier système considèrent comme « absurde de prétendre pour les soi-disant personnes morales à la pleine capacité des personnes physiques » (1). Leur personnalité fictive et par là même restreinte ne leur permet d'avoir que des *droits vinculés*, c'est-à-dire affectés exclusivement au but en vue duquel leur existence a été reconnue, car nulle part la loi ne leur donne ni le caractère ni la qualification de personnes, nulle part surtout elle ne les met sur la même ligne que les personnes naturelles. C'est presque dans ces termes que s'exprime M. Laurent qui, dans ses *Principes du code civil*, a analysé avec beaucoup de soin et d'ampleur la condition légale des personnes morales. C'est ainsi qu'il établit une différence capitale entre les personnes physiques et les êtres fictifs qu'on appelle personnes civiles : « Les premières ont pour mission de se perfectionner et ce perfectionnement est infini : les facultés ou les droits dont ils doivent jouir sont donc aussi infinis. » Il n'en est pas de même des personnes morales ; elles n'ont qu'une capacité restreinte en vue de remplir la

croyons que c'est la condition de la donation qui sera annulée, et on annulera aussi la donation par voie de conséquence si on admet la condition comme cause impulsive et déterminante de la libéralité. Mais dans tous ces cas il ne s'agit pas d'un défaut de capacité mais d'un défaut de cause. — Voyez sur le défaut de cause les remarquables leçons de l'illustre maître M. Bufnoir, dans le livre récemment paru : *Propriété et Contrat*, 27e leçon, *in fine* et 28e leçon.

(1) Sainctelette, *Revue critique de législation*, 1885, p. 239 et s.

fonction sociale dont elles sont investies : « hors de ces limites elles sont frappées d'une incapacité radicale, car elles n'existent pas, c'est le néant, et le néant, certes, ne peut contracter. »

M. Laurent leur conteste même l'expression de *personne civile* dont l'emploi favorise les erreurs qu'on fait souvent sur la condition de ces êtres fictifs en les mettant sur la même ligne que les hommes et par suite en leur reconnaissant la même capacité juridique (1).

Cette théorie, défendue avec une brillante dialectique par M. Laurent, nous semble cependant assise sur une base moins juridique que celle qui admet dans toute sa portée la fiction de la personnalité. « Le législateur, dit M. Lyon-Caen, est libre d'admettre ou non l'existence des personnes morales ; la personnalité est un bienfait qu'il distribue à sa guise aux uns et qu'il refuse aux autres, en tenant compte des considérations générales dont il est seul juge. Il peut, quand il donne la vie à des êtres fictifs, limiter, comme bon lui semble, la fiction, ne leur reconnaître que certains droits et dans beaucoup de cas il a raison de le faire. Mais s'il n'use pas de ce dernier pouvoir, l'être fictif, dont l'existence est admise par lui, a toute la capacité d'une personne physique. *Eadem*

---

(1) Laurent, *Principes du Droit civil*, t. I, n. 287, 291, 301, 303 et s., et t. XVI, n. 62.

operatur fictio in casu ficto quam veritas in casu vero » (1).

L'article 910, invoqué comme un puissant argument par les partisans du système que nous combattons, loin de fournir une preuve à l'appui du principe de la capacité restreinte, doit être interprêté en ce sens que toutes les personnes morales sont pleinement capables par elles-mêmes, aptes par leur nature à toutes les fonctions de la vie civile.

La disposition édictée par l'article 910 n'est qu'une exception à ce principe et elle est applicable seulement à quelques personnes morales qui présentent un intérêt public et qui à cause des nécessités d'un ordre supérieur ont été astreintes à déférer à l'autorisation de l'Etat.

Cette théorie trouve un puissant appui dans la tradition et dans plusieurs dispositions du code civil.

Dans la législation romaine la personne morale une fois constituée avait une existence pleine de liberté. Elle pouvait recevoir toutes sortes de libéralités (2) sans être astreinte à aucune autorisation spéciale.

Ainsi les associations et les corporations jouissaient

---

(1) Journal *la Loi*, n° du 27 avril 1881. Voyez aussi Piébourg, *De quelques questions sur les personnes civiles*, pp. 34 et 43 et Aubry et Rau I, § 54.

(2) Les personnes morales furent d'abord incapables de recevoir des successions *ab intestat*. La parenté, qui forma la base de cet ordre de succession, manque aux personnes juridiques. Mais on finit par faire brèche à ce principe d'abord au profit des

d'une capacité complète (1) pourvu qu'elles eussent reçu l'autorisation de se former (cui licet coïre).

Pendant la période troublée qui fait suite aux invasions barbares et même sous les premiers Capétiens les mêmes principes de liberté et d'entière capacité, que nous avons vus inscrits dans la législation romaine, pénétrèrent en Gaule.

Les personnes morales les plus importantes par leur nombre et leur richesse étaient les églises et les établissements religieux, et comme ils étaient exposés aux spolations, le pouvoir royal intervint alors et accorda, en échange de l'appui moral, des lettres *de emunitate* pour protéger et pour consolider les droits de l'Eglise (2).

---

communes ensuite pour toutes les personnes morales. L. 1, 2, 3, De manumiss. quae servis, XL, 3; L. 25 § 2, De adquir. vel om. her. XXIX, 2. Voyez Savigny, *Traité du droit romain*, trad. Guenoux, II § XCIII, p. 294 et s.

Pour ce qui est des dispositions entre vifs ou testamentaires, les personnes morales étaient par leur nature impuissantes à manifester une volonté et à se livrer à un acte matériel quelconque pour exercer leurs droits par elles-mêmes. Ulpien XXII, § 5. Savigny, II, p. 301. On suppléa à cette incapacité de fait au moyen de la représentation par les esclaves de la personne morale : « *Si servus reipublicae, écrit Ulpien, vel mancipi vel coloniae stipuletur, puto valere stipulationem.* » L. 3, D. 45, 3. Cette incapacité de fait disparut bientôt en vertu de plusieurs constitutions impériales : c'est ainsi que les villes purent être constituées héritières en vertu de la constitution de Léon de 469 (L. 12, cod just., de hered., VI, 24). etc.

(1) L. 20, D. de reb. dub. XXXIV, 5, 73, § 1, 1, 117 et 122 D. de legatis XXX.

(2) Car comme dit Laurière : « Ces confirmations n'étaient pas

L'intervention royale, loin d'accorder la capacité d'acquérir aux établissements religieux, ne faisait que reconnaître leurs droits en leur accordant toute sa protection.

Au XVIIᵉ siècle un changement se produit : le pouvoir royal, à cause de sa puissance grandissante, commence à s'immiscer dans la vie des personnes morales. L'ordonnance du 21 novembre 1629 exige des lettres patentes pour la fondation d'un monastère. L'édit de décembre 1666 de Louis XIV généralise cette disposition pour les collèges, les monastères, les communautés religieuses et séculières.

Malgré ces dispositions, les richesses de communautés et des corporations religieuses étaient devenues tellement considérables qu'une réforme s'imposait sur ce point. Ce fut la tâche de l'édit d'août 1749. Il confirme les dispositions des édits antérieurs en exigeant une autorisation préalable pour la création d'un établissement ecclésiastique, mais il va encore plus loin ; il pose le principe de la nécessité d'une autorisation pour l'acceptation des immeubles résultant des donations entre vifs (1) et il interdit les dispositions testamentaires d'immeubles (2).

faites pour rendre l'Eglise capable de posséder mais pour rendre ces acquisitions plus stables et pour empêcher que l'Eglise ne fût dépouillée par chicane ou par violence ce qui arrivait souvent dans ces siècles peu policés. »

(1) art. 4 et 5.
(2) art. 17.

Le but de l'édit a été d'une part de sauvegarder l'intérêt des familles, trop souvent dépouillées par les fondateurs d'établissements ecclésiastiques et, d'autre part, de diminuer la grande concentration des biens qui, hors du commerce, devenait un danger pour la richesse nationale.

Cette digression historique nous montre clairement le sens précis et le but poursuivis par le législateur dans la rédaction des articles 910 et 937 du Code civil. Il a voulu reprendre la théorie de l'ancien droit qui consistait à accorder aux personnes morales toute la capacité juridique (1) et il n'est arrivé à la restreindre que pour quelques-unes d'entre elle, pour des motifs d'un ordre tout à fait supérieur.

Les paroles prononcées par Bigot Préameneu, dans la séance du Corps législatif du 2 floréal an XI, prouvent jusqu'à l'évidence cette opinion. Cet orateur demandait l'autorisation du Gouvernement, non pas parce qu'il considérait ces personnes morales comme des incapables, mais parce que : « l'Etat doit connaître la nature et la qualité des biens qui sont mis

---

(1) L'entière capacité des personnes morales résulte clairement des écrits des auteurs de l'ancien droit : « Les corps et communautés établis suivant les lois du royaume sont considérés dans l'État comme tenant lieu de personne : *veluti personam sustinent,* car ses corps peuvent, à l'instar des personnes, aliéner, acquérir, posséder des biens, plaider, contracter, s'obliger, etc. ». Pothier, *Traité des personnes*, titre VII. Dans le même sens : Ferrière, *Dictionnaire du droit et de la pratique*, I, p. 441, et Domat, *Droit public*, liv. I, tit. XV, sect. 2, § 2 et s.

hors du commerce; il doit même empêcher qu'il y ait dans ces dispositions un excès condamnable (1) ». Et, comme ajoutait l'orateur Jaubert : « L'intérêt de la société, celui des familles, exigeait cette autorisation qui, au reste, sera encore plus sage que le fameux édit de 1749 où on ne trouvait *des dispositions restrictives* que sur les immeubles (2) ».

Comme le principe renfermé dans les deux articles du Code civil est l'expression de l'idée de Bigot Préameneu, confirmée par le tribun Jaubert, nous devons conclure à la parfaite capacité des personnes morales. Plusieurs dispositions du Code civil confirment encore, comme nous l'avons annoncé, notre manière de voir,

Les articles 537 et 544 indiquent clairement que les principes qui régissent la propriété sont les mêmes, soit qu'il s'agisse d'une personne morale, soit qu'il s'agisse d'une personne physique qui a la capacité de l'exercice des droits.

L'article 619 est encore un puissant argument en faveur de notre thèse : le droit d'usufruit des personnes morales « ne dure que trente ans ». La rédaction négative de cet article prouve que les personnes

---

(1) Exposé des motifs de la loi relativement aux donations entre vifs et aux testaments, par Bigot Préameneu (séance du 2 floréal an xi). Voyez Dalloz, Rep., *Dispositions entre vifs*, n° 17.

(2) Rapport fait par le tribun Jaubert dans la séance du 9 floréal an xi. Voyez Dalloz, Rep., *Dispositions entre vifs*, n. 115.

Négulesco.

morales jouissaient d'un droit aussi illimité que les personnes physiques et que la tâche du législateur a été de le restreindre. C'est dans le même esprit qu'ont été rédigés les articles 1712 et 2045 du Code civil.

Enfin, des lois récentes ont accordé expressément la personnalité juridique à quelques personnes morales (1) et on doit entendre par cette expression, non pas des « droits vinculés », d'après l'expression de M. Laurent, mais une pleine et entière capacité. « La capacité de la personne morale embrasse tous les droits civils que peut avoir dans notre société la personne majeure et reconnue par la loi ». C'est dans ces termes que s'exprimait M. Trarieux, lors de la discussion de la loi du 21 mars 1884 sur les syndicats professionnels, et son opinion, loin d'être contredite, est au contraire confirmée par tous les orateurs qui ont pris part à la discussion (2).

De toutes ces explications se dégage clairement ce principe, posé par le législateur, que *les personnes morales ont l'entière capacité juridique et qu'il faut un texte exprès de loi pour la leur restreindre.*

---

(1) Loi du 5 avril 1884, art. 111 ; loi du 28 avril 1893, art. 71 ; loi du 14 avril 1893, art. 8 ; loi du 21 avril 1898, art. 2. La capacité est une conséquence de la personnalité : là où il y a une personnalité il doit y avoir une capacité : « Pour les personnes morales aussi bien que pour les personnes physiques, disent MM. Aubry et Rau, c'est la personnalité seule qui les rend aptes à recevoir des libéralités. » Aubry et Rau, *Droit civil*, 4ᵉ éd., VII, § 649, note 6.

(2) *Journal officiel*, 1883, p. 780.

Ce principe auquel nous sommes arrivés nous servira à résoudre la question de la capacité en ce qui concerne spécialement les sociétés qui sont revêtues de la personnalité morale. La question s'est présentée pour la première fois devant le tribunal de la Seine (1). Il s'agissait de savoir si une société, personne morale, peut recevoir des libéralités. La décision du tribunal, à laquelle nous adhérons complètement, a résolu d'une manière affirmative la question qui lui était soumise :

« Attendu que les sociétés régulièrement organisées constituent des personnes morales distinctes des associés eux-mêmes et capables d'avoir des droits propres ; que si cette règle a été parfois mise en doute en ce qui concerne les sociétés civiles, elle a toujours été reconnue comme certaine à l'égard des sociétés commerciales ; que, dès lors, ces sociétés, ayant la personnalité civile, ont la puissance et l'exercice de tous les droits civils compatibles avec leur nature ; qu'elles peuvent acquérir et posséder ; qu'aux termes de l'art. 902 c. civ. elles peuvent recevoir, soit par donation entre vifs, soit par testament..... »

Il s'agissait, dans l'espèce, d'une société qui avait pour but de faire connaître le spiritisme par l'action d'un journal et de plusieurs ouvrages.

Une espèce identique s'est présentée devant le tri-

---

(1) 30 mars 1881, Sirey, 1881, 2, 249 et note de M. Labbé; Dalloz, 1883, 3, 31 ; *Journal du Palais*, 1881, 1233.

bunal de Bordeaux qui a tranché la question de la même manière que le tribunal de la Seine.

Le jugement du tribunal de Bordeaux fut réformé par la Cour de Bordeaux sur le motif que la société scientifique de spiritisme n'était pas une société commerciale ou civile (1). Et la Chambre de Requêtes, par son arrêt du 29 octobre 1894 (2), confirme cette dernière solution :

« Attendu qu'une association qui n'a pas pour but la réalisation des bénéfices à partager entre les associés n'est pas une société dans le sens de l'article 1832 du code civil ; que, dès lors, à moins d'être légalement reconnue par l'État, elle ne constitue pas une personne morale capable de recevoir des libéralités... »

L'arrêt de la Cour suprême tranche d'une manière incidente, dans le sens le plus libéral, la question qui nous préocupe, car la Cour dit en substance que s'il s'agit d'une société véritable, conformément à l'article 1832 c. civ., elle est capable de recevoir des libéralités (3).

Cette théorie, soutenue par M. Lyon-Caen, (4) tend aujourd'hui à devenir la doctrine dominante.

(1) Bordeaux, du 20 juin 1893.

(2) Cass., Req., 29 octobre 1894, Journal *Le Droit* des 19 et 20 novembre 1894 ; Dalloz, 1896, I, 145 et note de M. Thaller.

(3) Voyez aussi l'arrêt de la Cour suprême du 2 janvier 1894, Dalloz, 1894, I, 81 ; Sirey, 1894, I, 129 et note de M. Lyon-Caen.

(4) M. Lyon-Caen conclut à l'entière capacité des sociétés commerciales en partant de l'assimilation absolue des personnes

Elle a été contestée par M. Labbé qui considère les sociétés qui ont la personnalité morale comme absolument incapables de recevoir des libéralités (1).

Cette incapacité dérive, d'après le savant jurisconsulte, de la nature même de leur personnalité : « elle est un voile qui cache un temps le fait de la copropriété, voile qui se dissipe à la dissolution pour faire reparaître la réalité, c'est-à-dire la juxtaposition des droits individuels en état d'indivision ». La personnalité n'est donc qu'une concentration des droits individuels et par suite : « donner à la société, c'est donner en réalité aux individus qui la composent ». M. Labbé conclut qu'on ne peut pas faire une donation à la société car autrement on pourrait faire fraude à la loi en éludant les règles du rapport, de la réserve ou de la réduction.

La thèse de M. Labbé a été récemment reprise par MM. Colin et Baudry-Lacantinerie dans leur remarquable *Traité de droit civil* (2). On part du principe

morales aux personnes physiques : Journal *La Loi,* n° du 27 avril 1881 ; M. Vavasseur arrive à la même conclusion tout en prenant un autre point de départ. Il admet pour les personnes morales le principe de la spécialité, mais il considère que ce n'est pas sortir de leur sphère que d'acquérir à titre gratuit. Journal *La Loi,* n° du 13 janvier 1882.

(1) *Revue critique de législation et jurisprudence* 1882, Examen doctrinal, p. 345 ; Sirey, 1881, II, 249 et Journal *La Loi* du 27 août 1881.

(2) Baudry-Lacantinerie et Colin, *Des donations et testaments,* I, n°s 228 et s. V. aussi Cassagnade, *Personnalité des sociétés civiles et commerciales.*

de spécialité, relative aux personnes morales administratives, qui s'oppose à ce qu'elles reçoivent en dehors du but d'intérêt général en vue duquel elles ont été organisées et on veut appliquer ce même principe aux sociétés qui « n'ont de capacité et d'existence que dans la mesure des spéculations auxquelles elles se livrent en vertu du pacte social » ; or, les libéralités adressées à une société ne peuvent pas faire partie de cet ensemble d'opérations.

D'autres auteurs, par des moyens différents, arrivent à la même conclusion. Les sentiments d'affection, de gratitude et de charité sont les sources des libéralités, or, comme on ne peut pas avoir de pareils sentiments au profit des sociétés, elles sont frappées de l'incapacité d'acquérir des libéralités entre vifs ou testamentaires (1).

On prétend enfin que le principe de liberté conduit à un véritable danger social : les établissements de bienfaisance, d'enseignement ou de propagande religieuse n'auraient qu'à s'organiser sous la forme d'une société anonyme pour échapper à toutes les entraves concernant leur reconnaissance et leur capacité.

Tous les motifs qui ont été invoqués ne nous semblent pas d'une puissante portée juridique. Il y a souvent des sociétés qui comptent beaucoup d'associés, tous ou presque tous inconnus du donateur. Comment

---

(1) M. Camberlin, dans le Journal *La Loi,* n° du 8 mai 1881.

peut-on soutenir qu'il a été mu par des sentiments de bienfaisance, non pas vis-à-vis de la société, mais vis-à-vis de ces personnes ? Même si nous admettons que le donateur les a tous connus n'était-il pas naturel s'il avait eu l'intention de les gratifier, qu'il leur adressât des libéralités variant avec le degré d'affection ? Nous ne voyons aucun de ces effets dans une libéralité adressée à une société. Soit que les associés soient connus ou inconnus du donateur, soit que celui-ci affectionne certains membres plutôt que certains autres, la libéralité profitera toujours d'une manière égale à tous les associés. Qu'est-ce à dire, sinon qu'il ne s'agit pas dans ce cas d'une libéralité qui a été faite dans l'intérêt des associés mais dans celui de la société ? Il est vrai que cette donation profitera à chacun des associés actuels mais il ne faut pas se hâter de dire que la donation a été faite pour leur compte, car alors on pourrait tout aussi bien le dire de toute opération avantageuse pour la société : la valeur des actions et des intérêts monte et ce sont les associés présents qui en profitent.

Le principe de la spécialité, qu'on veut appliquer aux sociétés, conduit à des conséquences inextricables : « Il est bien délicat, remarque avec beaucoup de justesse M. Lyon-Caen, de déterminer exactement si un droit est ou non utile à une personne morale pour atteindre le but en vue duquel le législateur a admis son existence, Ainsi, il peut être indispensable à une société de commerce, pour atteindre son but, d'avoir un capital considérable ; ce résultat sera aussi bien obtenu par des libéralités faites à la société que par l'émission d'actions nouvelles ou d'obligations.

Enfin, quant à la possibilité pour les établissements de bienfaisance, d'enseignement ou de propagande religieuse de se soustraire facilement à l'autorisation du gouvernement, nous croyons qu'il y a beaucoup d'exagération dans ce prétendu danger. Car la forme commerciale ne donne le bénéfice de la personnalité qu'aux sociétés proprement dites : à celles qui répondent à la définition précise de l'article 1832 C. civ., c'est-à-dire à celles qui ont pour but la réalisation des bénéfices. C'est d'ailleurs, comme nous l'avons dit, ce qu'a décidé la Chambre des Requêtes par son arrêt du 29 octobre 1894.

SECTION II

LA SITUATION JURIDIQUE DES PERSONNES MORALES ÉTRANGÈRES ET SPÉCIALEMENT DES SOCIÉTÉS ÉTRANGÈRES EN FRANCE.

En ce qui concerne la situation juridique des personnes morales étrangères, le champ de la controverse est circonscrit entre la théorie de la capacité absolue et celle de l'autorisation préalable. La première de ces théories, celle de la capacité absolue, fait tous les jours de nouveaux adhérents et bientôt elle triomphera en doctrine et en jurisprudence. On objecte cependant que les êtres moraux n'ont qu'une existence artificielle due à la loi de chaque pays et comme celle-ci n'a qu'une autorité limitée sur le territoire qu'elle régit, ceux-là ne peuvent jouir d'une capacité absolue étendue en dehors de son propre territoire : « pour exercer un droit, dit M. Laurent, il faut exister ; or, les personnes dites civiles n'existent pas en dehors de l'Etat où elles sont instituées (1) ».

Nous nous demanderons avec M. Brocher « s'il est bien vrai de dire que la puissance de chaque souveraineté ne dépasse pas la frontière? Le contraire ne résulte-t-il pas, en fait, par le développement acquis par le droit international tant public que privé ? N'est-il pas de plus en plus généralement reconnu que de telles expansions de pouvoir se justifient et peuvent être considérées comme dues, quand elles sont nécessaires au développement social ? La distinction profonde que l'on voudrait établir entre les personnes physiques est-elle bien facile à maintenir en termes absolus ? N'est-ce pas en elles que gît la véritable vie et la raison d'être de celles-ci? Si cette extension de puissance et de vie est bonne en soi, n'a-t-elle pas le droit de se produire (2) ? »

M. Michou considère aussi la capacité absolue des personnes morales étrangères comme la conséquence

---

(1) Laurent, *Principes de Droit civil*, I, n° 306, p. 398.
(2) Brocher, *Cours de Droit international privé*, I, 187.

nécessaire des principes modernes du droit international privé : « Les progrès de cette science ont consisté, dans notre siècle, à s'affranchir de plus en plus du vieux principe de la territorialité des lois, et à dégager cette idée que tout rapport juridique nait sous l'empire d'une loi déterminée qui seule est compétente pour en indiquer les conséquences, et qui devra s'appliquer, en principe, en quelque lieu que ces conséquences se produisent » (1).

M. Lainé arrive à la même conclusion car il considère que les personnes morales sont formées avec les éléments de vie juridique empruntés aux personnes physiques. Le législateur ne crée rien mais se borne à transformer, à isoler en quelque sorte ces éléments: « La loi n'aurait rien pu faire si elle n'avait eu sous la main la matière humaine qu'elle a mise en œuvre. C'est un phénomène que l'on peut résumer d'un mot en disant que les personnes morales ou civiles ne sont pas autre chose que les modalités de la vie juridique des personnes naturelles » (2).

Nous nous rallions entièrement à la théorie de la capacité absolue des personnes morales étrangères. D'après nous le fondement juridique de la personna-

---

(1) Michou, *Capacité en France des personnes morales étrangères et en particulier du Saint-Siège*. Revue du droit public, 1894, I, p. 194.

(2) Lainé, *Des personnes morales en droit international privé* dans le *Journal de droit international privé*, 1893, t. XX, p. 279.

lité morale est la volonté collective des membres qui en vertu de la loi prend les caractères de la volonté humaine. Dès cet instant la collectivité devient une *personne*, comme s'exprimaient les Institutes de Justinien (1), c'est-à-dire devient capable de droits et d'obligations ; elle se trouve donc dans une situation identique à celle des personnes physiques. Et comme la capacité tient du statut personnel qui suit les personnes partout où elles se trouvent (2) nous concluons que les personnes morales étrangères doivent jouir en France de la même capacité que les étrangers, c'est-à-dire de la capacité absolue sauf les restrictions exprimées par la loi.

La question de la capacité des personnes morales étrangères s'est présentée devant l'*Institut de droit international*. M. Lyon-Caen dans le rapport fait à la session de Venise s'est exprimé de la façon suivante : « Aucun principe ne s'oppose à ce qu'une personne civile, constituée légalement (dans un état), soit de plein droit reconnue dans tous les autres. On peut soutenir qu'il en est ainsi d'après les lois en vigueur. On doit surtout admettre cette solution alors qu'il s'agit de poser les règles auxquelles il est à désirer qu'on se conforme dans tous les Etats. » Le projet de résolution préparé par M. Lyon-Caen a été adopté par

---

(1) Institutes de Justinien, lib. I, tit. 2, § 12. — Cf. L, 2, Digestes, lib. I, tit. 5.

(2) art. 3 § 3 C. civ.

l'Institut à la session suivante tenue à Copenhague du 26 août au 1ᵉʳ septembre 1897. Voici les dispositions qui proclament le principe de la capacité absolue des personnes morales :

Article Iᵉʳ. — « Les personnes morales publiques reconnues dans l'Etat où elles ont pris naissance sont reconnues de plein droit dans tous les autres Etats. »

Article II. — « En conséquence, dans tous les cas, les personnes morales publiques étrangères ont le droit d'ester en justice, comme demanderesses ou comme défenderesses, devant les tribunaux de tous les Etats, par l'entremise de leurs représentants ordinaires. Elles sont représentées, dans les actes de la vie civile, conformément à leur loi nationale » (1).

La solution admise pour les personnes morales publiques s'impose avec plus de force encore pour les sociétés commerciales.

Les personnes morales publiques ont par leur nature une existence territoriale : elles n'ont pas pour but d'exercer leur activité dans les autres pays étrangers. Les sociétés commerciales, au contraire, ont par leur nature une existence internationale : elles ont pour but d'étendre la sphère de leur activité non-seulement dans leur pays d'origine mais aussi dans les pays étrangers.

---

(1) *Annuaire de l'Institut de droit international,* 1897 ; Voyez aussi sur le Congrès de Copenhague, *Revue de droit public* 1898, II, p. 91 et s.

Reconnaître une existence internationale aux personnes morales publiques qui, par leur propre nature, sont territoriales, c'est admettre implicitement le même principe en faveur des sociétés commerciales, dont on peut dire qu'elles sont, par leur nature même, internationales.

En ce qui concerne les société étrangères (1) de personnes c'est-à-dire les sociétés en nom collectif et en commandite simple, d'après l'avis unanime des auteurs elles jouissent en France de la personnalité morale.

« Cette reconnaissance légale, disent MM. Lyon-Caen et Renault, peut se déduire du principe de droit international selon lequel les lois relatives à l'état et à la capacité des personnes les suivent même en pays étranger (arg. art. 3. Cod. civ.). La loi qui reconnaît l'existence légale et la personnalité des sociétés est une loi personnelle par excellence ; elle crée la personne morale elle-même (2) ».

(1) Le critérium de la distinction entre les sociétés françaises et étrangères n'est formulé par aucune disposition de la loi, ce qui a donné lieu à de très grandes difficultés.
Nous croyons avec MM. Lyon-Caen et Renault que la nationalité d'une société se détermine d'après le siège principal de son exploitation. Ainsi une société constituée pour exploiter un chemin de fer en France est française ; si elle est constituée pour l'exploitation des lignes ferrées situées à l'étranger, elle est étrangère. Lyon-Caen et Renault, 3ᵉ éd. 1900, II, n° 1167, p. 997. Voyez sur la *Nationalité des sociétés* le récent livre de M. Leven.

(2) Lyon-Caen et Renault, 3ᵉ éd., II. n. 1093, p. 941 ; Lyon-Caen, *De la condition des sociétés étrangères en France*, p. 45 et

Mais, en ce qui concerne les sociétés anonymes, la solution devient plus délicate : le législateur a manifesté quelquefois sa méfiance envers ces sortes d'associations. C'est ainsi que le code de commerce de 1808 exigeait une autorisation préalable et aujourd'hui, conformément à la loi de 1867, il faut remplir des formalités rigoureuses pour la création d'une société anonyme.

La jurisprudence française, s'inspirant du principe de droit international formulé par l'article 3 du Code civil, mettait sur la même ligne toutes les sociétés étrangères en leur reconnaissant la personnalité pourvu qu'elles aient été constituées conformément aux lois de leurs pays d'origine.

Ce système libéral, adopté par la jurisprudence française, était dans une flagrante contradiction avec l'administration qui, appuyée par le conseil d'État, considérait, avec raison croyons-nous, qu'il fallait refuser aux sociétés étrangères anonymes le droit d'agir librement en France. Si le Code de commerce dans son article 37 exige l'examen préalablement fait par le gouvernement des statuts de la société, c'est qu'il a craint des scandales financiers ; et c'est dans

---

s. ; Thaller, *Journal des sociétés*. 1881, p. 106 ; Weiss, *Traité élémentaire de droit international privé*, p. 151 et s. ; Lainé, *Des personnes morales en droit international privé* dans le *Journal de droit international privé,* 1893, p. 273 et s. ; Pont, *Sociétés civiles et commerciales*, n. 1857 ; Vavasseur, *Traité des sociétés civiles et commerciales*, II, p. 180.

le but de protéger la bonne foi des actionnaires et des créanciers qu'il a cru de son devoir d'intervenir. Il s'agit donc ici d'une loi d'ordre public, d'une loi de police ou de protection ; et comme ces lois doivent être respectées par tous ceux qui se trouvent ou qui contractent sur le territoire, il en résulte qu'elle devait s'appliquer non seulement aux sociétés anonymes françaises mais aussi aux sociétés anonymes étrangères.

La cour de cassation belge, s'inspirant de ce raisonnement, rendit le 9 février 1849 un arrêt (1) qui s'approprie entièrement la solution adoptée par l'administration française :

« Attendu que la puissance publique de Belgique est seule capable d'apprécier au point de vue de l'ordre public et des intérêts belges si une société anonyme est utile ou dangereuse »...

Cette solution provoqua un grand émoi non-seulement en France, à cause des conséquences désastreuses que cette solution apportait au commerce extérieur, mais aussi en Belgique car on craignit et avec raison des mesures de rétorsion de la part du gouvernement français. Des deux côtés l'opinion demanda une prompte intervention diplomatique. Et c'est ainsi que la loi belge du 14 mars 1855 donna

---

(1) Pancrisies belges 1849, 1, 239.

satisfaction aux réclamations formulées par les commerçants des deux pays :

« Article 1er. — Des sociétés anonymes et autres associations commerciales, industrielles ou financières, qui sont soumises à l'autorisation du gouvernement français et qui l'auront obtenue, pourront exercer leurs droits et ester en justice en Belgique, en se conformant aux lois du royaume, toutes les fois que les sociétés ou associations légalement établies en Belgique jouiront des mêmes droits en France. »

On voit qu'en vertu de cette loi les sociétés françaises pouvaient jouir de leur personnalité en Belgique toutes les fois que les sociétés belges de même nature auraient les mêmes prérogatives en France. Ce qu'il fallait, c'était une réciprocité constatée, comme disait l'article 3 de cette loi, « soit par les traités soit par la production des lois ou actes propres à en établir l'existence ».

C'est en vertu de cette disposition que la jurisprudence belge refusa aux sociétés anonymes françaises les avantages de la personnalité, malgré la jurisprudence française qui continuait à reconnaître la personnalité aux sociétés belges : le législateur de 1855 n'avait pas eu l'intention d'asseoir son système sur une base de réciprocité aussi fragile, aussi incertaine, sujette à tout instant à de continuelles variations.

Le gouvernement français, à la suite des réclamations de plus en plus pressantes des sociétés nationales qui avaient de grands intérêts en Belgique, déposa au Corps législatif le projet devenu la loi du 30 mai 1857 :

« Article 1ᵉʳ. — Les sociétés anonymes et autres associations commerciales, industrielles et financières qui sont soumises à l'autorisation du gouvernement belge et qui l'ont obtenue, peuvent exercer tous leurs droits et ester en justice en France, en se conformant aux lois de l'Empire ».

« Article 2. — Un décret impérial (1), rendu en Conseil d'Etat, peut appliquer à tous les autres pays le bénéfice de l'article premier ».

La loi de 1857 habilite d'abord toutes les sociétés belges, légalement reconnues, à exercer leurs droits en France. Elle conféra en même temps aux sociétés anonymes des autres pays le droit d'agir en France, à la suite d'un décret rendu en Conseil d'Etat (2).

(1) Le décret dont il s'agit ici est général, c'est-à-dire qu'il s'applique à toutes les sociétés appartenant à l'État en faveur duquel il a été rendu. Voyez Lyon-Caen et Renault, *op. cit.*, n° 1099 ; Pont, *op. cit.*, II, n° 1863. Quelques auteurs ont cependant soutenu que le décret peut n'être rendu qu'en faveur de quelques sociétés. Boistel, n° 303 ; Weiss, p. 156.

(2) Longue est la nomenclature des États dont les sociétés ont été autorisées à agir en France. Voici les noms de ces Etats et les dates des décrets qui les concernent : Turquie et Egypte, 7, 18 mai 1859 ; Sardaigne, 8 sept. 1860 ; Portugal, 27 fév. 1861 ; Luxembourg, 27 fév. 1861 ; Suisse, 11 mai 1861 ; Espagne, 5 août 1861 ; Grèce, 9 novembre 1861 ; Etats romains, 5 fév. 1862 ;

Il faut remarquer que la loi assimile aux sociétés anonymes toutes les autres sociétés étrangères qui sont assujetties à l'autorisation préalable de leur gouvernement ; elles ne pourront agir en France que si elles ont été autorisées conformément aux termes de la loi de 1857. Cette solution nous semble singulière : au lieu de rechercher si, à raison de leur nature, les sociétés peuvent, sans porter atteinte aux intérêts du commerce français, jouir de la personnalité civile en France, la loi de 1857 se réfère, au contraire, à la législation étrangère elle-même. D'ailleurs les motifs qui ont déterminé le législateur à formuler cette disposition sont difficiles à apercevoir. La seule explication qu'on puisse donner c'est que l'autorisation accordée à une société est un acte de souveraineté qui ne peut pas avoir son existence en France, et c'est pour cela qu'on exige de la part du gouvernement un décret rendu en Conseil d'Etat.

Mais cette explication est loin d'être satisfaisante : « Au point de vue des principes rigoureux, la loi qui reconnaît la personnalité d'une société en nom collectif est un acte de souveraineté tout comme le décret d'autorisation rendu par le Gouvernement au profit d'une société anonyme ou en commandite par actions et si cette idée était admise elle devrait amener le

---

Pays-Bas, 22 juill. 1863 ; Russie, 25 fév. 1865 ; Saxe, 22 mai 1868 ; Prusse, 19 déc. 1868 ; Autriche, 28 juin 1868 ; Suède et Norvège, 14 juin 1872 ; États-Unis d'Amérique, 6 août 1882.

législateur à exiger l'autorisation du gouvernement français pour les sociétés étrangères, même en nom collectif (1) ».

Cette règle posée par le législateur de 1857 est condamnable d'autant plus qu'elle nous conduit à des conséquences et à des difficultés inextricables quand on cherche à déterminer la condition juridique des commandites par actions librement formées à l'étranger, indépendamment de toute autorisation préalable. Dans un premier système on a soutenu que la loi de 1857 ne peut pas leur être applicable : il ne s'agit dans ce cas ni d'une société anonyme ni d'une société soumise à une autorisation préalable dans son pays d'origine. Au contraire, pour les sociétés en commandite par actions soumises dans leur pays à l'autorisation préalable, la loi de 1857 est applicable; elles auront la personnalité en France en vertu d'un décret rendu en Conseil d'État (2).

Ce système conduit à un résultat bizarre qui

(1) Lyon-Caen, *De la condition légale des sociétés étrangères en France*, n° 26 *bis*, p. 48 ; Voyez aussi, P. Pont, *Traité des sociétés commerciales*, n° 1868.

(2) Lyon-Caen et Renault, *Traité de droit commercial*, 3e éd., II, n° 1106, p. 957 ; Lyon-Caen, *De la condition légale des sociétés étrangères en France*, n° 26, p. 47 et s. ; Pont, *Commentaire des sociétés civiles et commerciales*, II, n° 1856 et s. ; Vavasseur, *Traité des sociétés civiles et commerciales*, II, p. 181 ; Despagnet, *Précis de droit international privé*, p. 89 ; Arthuys, *Observations sur la condition faite aux sociétés étrangères en France d'après le projet de loi voté par le Sénat*, Revue critique de législation, 1889, p. 582 et s.

consiste à reconnaître la personnalité aux sociétés étrangères qui offrent moins de garantie, car elles n'ont pas reçu l'autorisation préalable de leur Gouvernement et de la refuser aux sociétés étrangères qui présentent plus de garantie, car elles ont reçu l'autorisation préalable de leur Gouvernement.

Dans un second système on soutient que « le législateur a vu dans les règles auxquelles il subordonne depuis 1856 la formation des commandites par actions en France de véritables règles d'ordre public international, applicables aux sociétés d'origine étrangère comme aux sociétés françaises ». Et on conclut qu'on ne doit reconnaître en France la personnalité juridique des sociétés étrangères « que 1° lorsque, déjà autorisées par le Gouvernement étranger, elles l'ont encore été en France, conformément à la loi de 1857 ; 2° lorsque, constituées librement en pays étranger, elles ont satisfait aux prescriptions de la loi française *du 17 juillet 1856* » (1).

Nous ne saurions non plus adhérer à ce second système car s'il s'agit de « règles d'ordre public international » elles doivent être appliquées à toutes les commandites sans aucune distinction entre les commandites soumises à l'autorisation dans leur pays et

---

(1) Weiss, *Traité de droit international privé,* II, p. 445 ; Voyez aussi M. Thaller dans le *Journal des sociétés,* 1881, p. 110 sqq. — Il faut remarquer que la loi du 17 juillet 1856 a été abrogée par l'art. 20 de la loi du 24 juillet 1867.

celles qui en sont dispensées. Cette opinion doit être encore condamnée car elle conduit à un résultat inacceptable dans l'état des relations internationales (1). Elle fait aux sociétés en commandite par actions librement constituées une situation à part en les soumettant aux mêmes règles pour leur existence que les sociétés françaises. Si le législateur a eu cette intention pourquoi ne trouve-t-on rien dans la loi de 1857 et rien dans les travaux préparatoires ? Il ne faut pas attribuer son silence à un oubli car la loi de 1857 a été faite en vue de la Belgique, où, à cette époque, les commandites par actions belges jouissaient de la liberté la plus absolue.

Nous croyons que toutes les sociétés étrangères en commandite par actions, formées soit librement soit avec l'autorisation de leur gouvernement, doivent être placées sur la même ligne que les sociétés en nom collectif et en commandite simple. Le passage suivant du rapport fait au Corps législatif, au nom de la Commission chargé d'examiner le projet de loi, suffit à éclairer la pensée de ses rédacteurs : « La loi laisse en dehors de son action les sociétés collectives, *en commandite,* ou autres, représentées par un ou plusieurs directeurs, gérants ou actionnaires responsables, dont elles portent le nom ; elle s'applique

---

(1) Lyon-Caen et Renault, *Traité de droit commercial*, II, n. 1106.

particulièrement aux sociétés anonymes auxquelles, par un motif de prudence facile à justifier, on a joint les autres associations qui, sans être anonymes, sont néanmoins soumises à l'autorisation préalable comme intéressant l'ordre, la morale et la sécurité publique. *Quant aux autres sociétés, la loi que nous préparons ne saurait les atteindre*, et c'est en dehors d'elle qu'il faut chercher et réprimer les nombreux abus qu'elles peuvent commettre et que nous sommes les premiers à déplorer (1) ».

On parle des sociétés soumises à l'autorisation du Gouvernement, mais ces expressions ne peuvent pas comprendre les sociétés en commandite par actions, car on avait en vue seulement les sociétés belges et à cette époque toutes les sociétés en commandite belges n'étaient pas soumises à l'autorisation du Gouvernement.

De tout cela nous devons conclure que, si le législateur n'a pas réglementé la situation des sociétés en commandite, c'est qu'il a implicitement approuvé la situation que leur avait reconnue la jurisprudence en leur accordant la personnalité civile.

Le législateur reconnaissant la personnalité morale de toutes les sociétés en commandite belges librement constituées, il leur aurait reconnu par un argument

---

(1) Le rapport de M. Bertrand, dans le *Moniteur*, session 1857, annexe G. p. XXVIII, col. IV.

a fortiori la même qualité si ces sociétés étaient soumises à l'autorisation de leur Gouvernement.

L'application de la loi de 1857 a soulevé deux questions délicates qui se sont posées l'une à la suite de la loi française du 24 juillet 1867, proclamant la liberté de l'anonymat et l'autre à la suite de la suppression, dans plusieurs Etats, de l'autorisation gouvernementale (1). Il s'agit, dans le premier cas, de savoir si la loi de 1857 se trouve abrogée par celle de 1867 et, dans le second cas, en admettant que la loi de 1857 subsiste encore, quelles sont les sociétés étrangères dont l'existence légale en France doit être reconnue par un décret.

---

(1) Tel a été l'objet des lois des 23 mai 1863 et 24 juillet 1867 en France ; des lois du 18 mai 1873 et 22 mai 1886 en Belgique ; de la loi du 29 octobre 1886 en Espagne ; de la loi de 1856 et diverses lois postérieures en Angleterre ; du Code de 1882 en Italie ; du Code de commerce de 1888, en Portugal, etc.

Elle est exigée cependant par le Code de commerce autrichien (art. 174), par le Code de commerce roumain (art. 138). En Roumanie surtout le législateur n'a pas été inspiré de sentiments libéraux vis-à-vis des sociétés anonymes étrangères. Pour jouir de leur personnalité sur le territoire du royame il faut que la moitié plus un du nombre total des administrateurs ou des questeurs soient roumains (art. 122 et 185).

Le nouveau projet de loi sur les sociétés anonymes, présenté cette année au corps législatif par l'éminent jurisconsulte M. Dissesco, apporte une importante modification à l'art. 122 et à l'art. 185 du Code de commerce. Le nouveau projet exige seulement que le tiers du nombre total des administrateurs ou des questeurs soient roumains. L'ancienne disposition est cependant conservée pour les sociétés dont les statuts permettent l'acquisition des immeubles ruraux autres que ceux destinés à la construction d'un établissement industriel et de ses dépendances.

Première question. — Peut-on soutenir que les sociétés anonymes étrangères jouissent de leur personnalité en France en vertu de la loi libérale du 24 juillet 1867 qui proclame la liberté de l'anonymat? Il faudrait, pour arriver à cette conclusion, prouver l'inconciliabilité absolue entre la loi de 1867 et celle de 1857 car c'est seulement alors qu'on pourrait, et à juste raison, soutenir que les dispositions édictées par l'ancienne loi sont abrogées par la loi nouvelle. Or, si nous examinons de près les deux lois, nous trouvons entre leurs dispositions une parfaite compatibilité. La loi de 1867, loin d'avoir pour but de suppléer à la loi de 1857, a au contraire un but tout à fait différent : la loi de 1867 ne s'occupe que des sociétés françaises qui étaient soumises, en vertu de l'article 37 c. com., à l'autorisation du gouvernement ; elle abroge cette disposition en leur faveur, mais, en échange, elle la remplace par des conditions assez rigoureuses pour leur formation. Au contraire, la loi de 1857 a un autre but : elle s'occupe seulement de l'existence des sociétés anonymes en France, elle exige l'autorisation du gouvernement, réservant ainsi à celui-ci le droit de contrôler les conditions requises pour leur existence et de voir si elles peuvent présenter des garanties de sûreté suffisantes.

Dans les deux cas, quoique les motifs aient été analogues, à savoir : sauvegarder les intérêts des tiers qui traiteront avec la société, le but poursuivi est loin d'être le même : l'une de ces lois visant seulement les sociétés françaises, l'autre les sociétés étrangères.

Les deux lois sont parfaitement compatibles et on ne peut donc soutenir que l'abrogation de l'article 37 du Code de commerce par la loi de 1867 conduit à l'abrogation implicite de la loi de 1857. Cette loi exige d'ailleurs comme l'article 37 c. com. une « autorisation générale » qui est donnée à toutes les sociétés d'un pays, tandis qu'au contraire l'autorisation exigée par le Code de commerce était « spéciale », elle s'appliquait à telle ou telle société déterminée. La loi de 1867 a abrogé le principe de l'autorisation spéciale ; comment peut-on soutenir qu'il a par là même abrogé le principe inscrit dans la loi de 1857, celui de l'autorisation générale ?

Cette solution admise par la grande majorité des auteurs (1) a été consacrée dans un arrêt du 22 décembre 1892 (2) de la cour de Paris :

(1) MM. Lyon-Caen et Renault, *Traité de droit commercial*, II, n. 1104 ; Lyon-Caen, *De la condition légale des sociétés étrangères en France*, n. 25 ; Boistel, *Précis de droit commercial*, n. 396 bis ; Thaller, *Les compagnies d'assurance et le gouvernement d'Alsace-Lorraine*, p. 30 ; P. Pont, *Sociétés civiles et commerciales*, n. 1867 ; Artuys, dans la *Revue critique de législation et de jurisprudence*, 1889, p. 589 et s.; Pic., *Journal de droit international privé*, 1892, p. 596 ; Pascaud, *Revue des sociétés*, 1889, p. 91 et s. ; De Bœck, *Revue de droit international privé*, 1892, p. 316 ; Chausse, *Annales de droit commercial*, 1893. 1. 105 ; Vavasseur, *Traité des sociétés*, t. II, p. 189 ; Vavasseur, *ibid.*, 1891. 2. 120.

(2) *Journal de droit international privé*, 1893, p. 588 ; *Revue des sociétés*, 1892, p. 195 ; Dalloz. 1893. 2. 157.

« Considérant que la loi du 30 mai 1857 n'a pas été abrogée explicitement par la loi du 24 juillet 1867 qui a supprimé la nécessité de l'autorisation préalable pour les sociétés anonymes françaises; qu'elle ne l'a pas été implicitement, ces deux lois n'étant nullement inconciliables et leur existence simultanée se justifiant par les plus sérieuses considérations; que si, en effet, les sociétés anonymes françaises sont dispensées de toute autorisation, il n'en résulte pas que la même faveur doit être accordée aux sociétés étrangères, lesquelles n'étant pas soumises aux prescriptions multiples de la loi de 1867, quant à leur formation et à leur fonctionnement, sont loin de présenter les mêmes garanties » (1).

Deuxième question. — La loi de 1857 s'applique-t-elle toutes les fois qu'une société étrangère est légalement reconnue dans son pays d'origine ou seulement quand elle a demandé et obtenu l'autorisation de son gouvernement? Cette question devait nécessairement se présenter en pratique à la suite de lois libérales qui ont vu le jour dans les pays étrangers (2)

---

(1) C'est donc à tort que la cour de Paris, dans son arrêt du 8 juillet 1881, a admis cette abrogation; S. 1881. 2. 170 (avec la note en sens contraire de M. Ch. Lyon-Caen); D. 1882. 2. 201; J. Pal. 1881. 937 (et note de M. Ch. Lyon-Caen); en ce sens Cour de Lyon, 13 déc. 1889, *Journal de droit international privé*, 1892, p. 479.

(2) C'est l'Angleterre qui a donné le signal en reconnaissant par l'acte du 17 juillet 1856 les *joint stock companies*.

et qui ont affranchi, comme l'a fait la loi belge de 1873, même les sociétés anonymes de toute autorisation préalable. Elle s'est présentée pour la première fois devant le tribunal de commerce de la Seine et a été réglée dans un jugement en date du 14 octobre 1879.

Une société belge, l'*Étoile*, constituée sous l'empire de la loi de 1873 et par conséquant sans autorisation, poursuivait devant la juridiction française un de ses débiteurs, domicilié à Paris, pour le paiement de 5000 francs qui représentaient le versement des sommes dues sur des titres d'actions. Le défendeur oppose une fin de non-recevoir tirée du défaut d'autorisation et refuse à la société le droit d'ester en justice, car la loi de 1857 n'accorde pareille faculté qu'aux sociétés qui ont demandé et obtenu l'autorisation du gouvernement; or comme la compagnie l'*Étoile* s'est constituée d'après la loi belge de 1873, qui n'exige aucune autorisation, elle doit être déclarée non recevable faute d'avoir satisfait aux conditions exigées par le législateur. Le tribunal de commerce de la Seine approuve entièrement ces conclusions :

« .... Attendu que la loi française du 30 mai 1857 dispose que les sociétés anonymes et autres associations commerciales, industrielles ou financières qui sont soumises à l'autorisation du gouvernement belge *et qui l'ont obtenue*, peuvent exercer leur droit et ester en justice en France; — Que la compagnie l'*Étoile* n'ayant pas été soumise à l'autorisation du gouvernement belge, et, par conséquant, ne l'ayant pas obtenue, ne se trouve pas dans les conditions prescrites par la loi susvisée.... » (1)

Le jugement du tribunal de commerce peut se résumer en cette expression bien simple : la loi de 1857 n'habilite à ester en justice que les sociétés anonymes qui ont demandé et obtenu l'autorisation de leur gouvernement; peu importe d'ailleurs qu'à l'étranger un mouvement libéral de législation ait supprimé la nécessité de l'autorisation préalable, le tribunal ne veut rien entendre : « attendu que la capacité juridique accordée par la loi aux sociétés anonymes est de droit étroit et qu'il n'appartient pas aux tribunaux d'en étendre l'application ; que, spécialement, le tribunal ne peut avoir à apprécier si les nouvelles garanties édictées par la loi belge forment l'équivalent de celles que la législation française a regardées comme indispensables pour les sociétés anonymes étrangères qui prétendent ester en justice, etc.... » (2)

Nous ne pouvons pas accepter le raisonnement du tribunal de commerce. Nous croyons que la loi de 1857 doit être appliquée à toutes les sociétés qui ont

---

(1) *Journal des sociétés* 1880, p. 152.

(2) En ce sens : Thaller, *Journal des Sociétés,* 1881, p. 50 et s.; Weiss, op. cit. p. 162 et 163; Lescœur, *Etude historique et critique sur la législation des sociétés commerciales*, n. 158; Coste, Journal *La Loi,* du 9 et 11 juin 1887; Paris 15 février 1882, *Journal de droit international privé*, 1882 p. 212.

une existence légale (1) en Belgique. « Le projet de loi, dit en effet l'exposé des motifs, a pour objet de régler, relativement aux sociétés anonymes établies en pays étranger et notamment en Belgique, l'exercice de leurs droits. Après avoir accordé, par l'article 1er du projet, *aux sociétés légalement établies en Belgique*, l'exercice de tous leurs droits et l'action en justice en France, le gouvernement reconnaît par l'article 2 l'utilité de déterminer législativement le caractère de son action sur les sociétés anonymes établies en d'autres pays. » On allègue pour soutenir l'opinion contraire que les garanties offertes par les sociétés anonymes ont disparu depuis que celles-ci peuvent se former sans aucune autorisation. Mais on peut répondre que partout où les sociétés anonymes peuvent se former librement elles sont soumises à des formalités quelquefois assez rigoureuses, comme dans la législation française, et qui forment un équivalent aux garanties offertes par l'autorisation préalable de leur gouvernement. D'ailleurs le gouvernement

(1) Renault, *Journal des Sociétés*, 1880, p. 152 et s. ; Lyon-Caen et Renault, op. cit. t. II, n. 1105 ; P. Pont, op. cit. t. II, n. 1866; Despagnet, *Précis de droit international privé*, p. 88 ; Vavasseur, op. cit., II, nos 942 et 942 bis ; Rousseau, *Questions nouvelles sur les sociétés commerciales*, p. 207 et s. ; Chausse, *Annales de droit commercial* 1893, 1, p. 106 ; Cour de Gênes, 23 juillet 1886, Sirey, 1887, 4, 1 ; *Journal du Palais*, 1887, 2, 1 ; Tribunal de Bois-le-Duc, 18 janvier 1893, *Journal de droit international privé*, 1896, p. 221 ; Tribual com. Seine 1er mars 1894, *Journal de droit international privé*, 1894, p. 882.

français n'accorde le décret d'habilitation générale aux sociétés anonymes étrangères qu'après un examen approfondi de leur législation d'origine et il refusera sûrement de rendre le décret si les conditions imposées ne sont pas de nature à assurer le public français contre des éventualités fâcheuses.

Le tribunal de commerce de la Seine n'a pas tardé à revenir sur sa jurisprudence. Par son jugement du 26 novembre 1880 (1) il a reconnu la personnalité morale à une société anonyme, le Crédit de l'industrie minière, fondée à Madrid sous le régime de liberté proclamé par la loi du 29 octobre 1869.

La personnalité des sociétés étrangères peut-elle résulter d'un traité diplomatique ?

Nous avons vu, dans la première partie de notre travail, que les sociétés étrangères « anonymes et celles qui sont soumises à l'autorisation préalable de leur gouvernement » ne peuvent jouir de leur personnalité en France qu'après avoir obtenu de la part du gouvernement français un décret général d'habilitation. Nous allons examiner si on peut suppléer au décret rendu en Conseil d'État. La question s'est posée à l'occasion du traité conclu entre la France et l'Angleterre à la date du 30 avril 1862, et dont l'article

---

(1) Ce jugement a été confirmé par l'arrêt de la Cour de Paris du 8 juillet 1881 ; Sirey, 1881. 2, 169.

1er est ainsi conçu : « Les hautes parties contractantes déclarent reconnaître mutuellement à toutes les compagnies et autres associations commerciales, industrielles et financières constituées ou autorisées suivant les lois particulières des deux pays, la faculter d'exercer tous les droits et ester en justice devant les tribunaux, soit pour intenter une action soit pour y défendre, dans toute l'étendue des États et possessions de l'autre puissance, sans autre condition que de se conformer aux lois desdits Etats et possessions ».

Ces termes généraux de ce traité devaient conduire à habiliter toutes les sociétés anglaises soumises ou non à l'autorisation de leur gouvernement, indépendamment des formes qu'elles revêtent. La Cour de Rennes, dans son arrêt du 26 juin 1862, prétendit que les sociétés anglaises étaient incapables de plaider en France, « cette convention disait la Cour, ne deviendrait obligatoire que quand elle aurait été suivie du décret prévu par l'article 2 de la loi du 30 mai 1857 ».

La Cour de cassation, avec raison, repoussa cette manière de voir : le gouvernement pouvait à son choix autoriser les sociétés étrangères à ester en justice en France, soit par voie administrative, soit en suivant la voie diplomatique : « le traité conclu entre la France et l'Angleterre a pour effet d'habiliter les sociétés anonymes anglaises à ester en justice en France, soit en demandant, soit en défendant, sans qu'il soit besoin du décret impérial d'autorisation exigé par l'article 2 de la loi du 30 mai 1857 (1) ».

La personnalité des sociétés étrangères résulte-t-elle de la clause dite du « traitement de la nation la plus favorisée ?

Jusqu'à présent nous avons vu que les sociétés étrangères acquièrent la personnalité soit en vertu d'un décret général d'autorisation, soit en vertu d'un traité spécial ou tout au moins d'une stipulation contenue dans un traité de commerce. Dans les conventions diverses conclues entre la France et les divers pays, on trouve souvent une clause dite « du traitement de la nation la plus favorisée ». Cette clause habilite-t-elle les sociétés des Etats étrangers auxquels elle s'applique? Nous ne croyons pas qu'elle pût produire un effet assez considérable pour les faire bénéficier des avantages concédés aux sociétés des autres États, soit en vertu d'un décret, soit en vertu d'un traité diplomatique. « Cette clause, disent MM. Lyon-Caen et Renault, vise les sujets des Etats contractants, pour leur reconnaître le droit de faire

---

(1) Civ. cass., 19 mai 1863, Sirey, 1863, 1, 353; Dalloz, 63, 1, 218. Dans le même sens Trib. Seine, 20 juin 1883, *Journal Clunet,* 1883 p. 521 ; Boulogne-sur-Mer, 4 août 1896, *Clunet* 1887, p. 368 ; Douai, 23 avril 1897, *Journal des Sociétés* 1898, p. 161. Le Tribunal civil de la Seine du 24 mai 1898, le *Droit* n° du 20 août 1898 a étendu l'application du traité de 1862 aux sociétés des colonies et possessions anglaises.

librement le commerce. Les questions relatives aux personnes morales ont toujours été réglées à part (1) ».

Le mot *sujet* ne s'applique qu'aux individus et on ne peut pas en faire une extension aux personnes morales, car comme le remarque M. Thaller : « Les deux catégories de personnes ne sont pas identiques dans les sources de leur existence (2) ».

La personnalité des sociétés étrangères d'après le projet général de loi sur les sociétés.

Le projet de loi sur les sociétés (3), admis au mois de novembre 1884 par le Sénat, contient, relativement à la personnalité des sociétés étrangères, deux importantes innovations : 1° Il se propose d'assujétir l'existence des sociétés étrangères d'assurances sur la vie aux mêmes conditions que les sociétés françaises, c'est-à-dire à une autorisation spéciale et à la surveillance du gouvernement. (Art. 51);

2° Le projet se propose une autre innovation dans son article 94 en exigeant pour toute société qui éta-

---

(1) Lyon-Caen et Renault, *Traité de droit commercial*, 3ᵉ éd., II, n° 1102, p. 951. Voyez aussi note de M. Lyon-Caen dans Sirey et dans le *Journal du Palais*, 1896, I, 161.

(2) Thaller, *Les Compagnies françaises d'assurances et le gouvernement d'Alsace-Lorraine*, p. 39.

(3) Voyez sur le projet de loi sur les sociétés ; MM. Thaller, *La reforme de la loi sur les sociétés par actions*; Deloison, *Examen critique du projet de loi sur les sociétés.*

blit une succursale sur le territoire français les mêmes conditions de publicité qu'aux sociétés françaises. Cette mesure doit être approuvée : elle permet aux personnes qui entrent en relation avec elles de connaître leurs statuts et de savoir exactement dans quelles limites est renfermée la responsabilité des associés et celle des gérants administrateurs.

Quant à la première innovation qui crée un régime égalitaire entre les sociétés d'assurances sur la vie, soit françaises, soit étrangères (1), on a soutenu (2) que, loin de pouvoir fournir un avantage aux sociétés françaises, elle est contraire à leurs propres intérêts. L'autorisation et la surveillance du Gouvernement forment un véritable privilège au profit des sociétés françaises : recommandées et surveillées par le Gouvernement, elles jouissent de toute la confiance publique. Avec le système qu'on propose, les sociétés étrangères jouiront des mêmes garanties et le public aura autant de confiance pour les unes que pour les autres.

Nous croyons au contraire que le projet de loi répond à une nécessité sociale : le Gouvernement a cru de son devoir d'intervenir quand il s'agit des

---

(1) M. Saint-Germain a présenté, sur ce point, à la Chambre des députés, une proposition de loi spéciale. V. *Revue des sociétés*, 1891, p. 63.

(2) *Les sociétés étrangères d'assurances sur la vie*, par M. de Courcy. *Revue critique*, 1883, pp. 118 et s. et 191 et s.

compagnies d'assurance, en demandant une autorisation spéciale et en exerçant sa continuelle surveillance; tout cela dans l'intérêt des assurés qui ne peuvent pas se rendre compte de ces opérations compliquées et qui peuvent facilement être attirés par la promesse de gros bénéfices et qui seront plus tard exposés à de véritables surprises. C'était donc un véritable devoir de la part du Gouvernement d'intervenir (1).

Mais il y avait une réforme qui s'imposait et que cependant le projet se refusa à accorder, c'était le droit de plaider devant les tribunaux français pour les opérations conclues à l'étranger et qui devait être accordé à toutes les sociétés étrangères indépendamment de toute autorisation préalable de la part du Gouvernement. Le législateur français et le nouveau projet leur refusent ce droit : « Il y a là, comme le dit un éminent jurisconsulte français, une rigueur injustifiable qu'on trouve dans la loi française seule. Cette rigueur jure avec la générosité que nos lois ont toujours montrée à l'égard des étrangers. Qu'on la fasse disparaître et la loi nouvelle sur les sociétés sera, selon nous, en ce qui concerne la condition légale des sociétés étrangères, à l'abri de toute critique sérieuse. Elle évitera les deux écueils auxquels il est

(1) Dans ce sens M. Lyon-Caen, *Condition légale des sociétés étrangères par actions, Revue de droit international privé*, 1885, p. 273.

difficile d'échapper en cette difficile matière. Elle ne fermera pas nos marchés et ne refusera pas l'accès des tribunaux français aux sociétés étrangères en les soumettant à des conditions trop sévères. Elle ne placera pas non plus les sociétés françaises dans une situation d'infériorité, en montrant à l'égard des sociétés étrangères un libéralisme contraire à la fois aux intérêts du Commerce national et aux principes d'une justice éclairée et impartiale » (1).

(1) Lyon-Caen, *Condition légale des sociétés étrangères par actions, Revue de droit international privé*, 1885, p. 274.

BIBLIOGRAPHIE

Aubry et Rau. — Cours de droit civil français.
Baudry-Lacantinerie et Wahl. — Traité du contrat de société.
Bédaride. — Commentaire des sociétés.
Beudant. — Des origines et du système général de la loi du 24 juillet 1867. *Revue critique de législation*, année 1867, t. 31.
— Note sous Cass. 10 déc. 1879, 1, 5.
— L'action et l'intérêt. *Revue critique de législation et de jurisprudence*, année 1869.
Boistel. — Philosophie du droit.
— Précis de droit commercial.
Boitard, Colmet-Daage et Glasson. — Leçons de procédure civile.
Bravard-Veyrières et Démangeat. — Traité de droit commercial.
Brésillon. — Note sous Toulouse, 23 mars 1887, Dalloz, 1887, 2, 233.
Brocher. — Cours de droit international privé.
Buchère. — De la condition des sociétés étrangères en France dans le projet de loi sur les sociétés par actions. *Journal de droit international privé*, année 1883.
Bufnoir. — Propriété et Contrat.
Cassagnade. — De la personnalité des sociétés civiles et commerciales. Thèse, Paris, 1883.
Casteras. — Etude sur les sociétés civiles à formes commerciales. Thèse, Aix, 1899.
Chavegrin. — Note sous Paris, 4 nov. 1886, Sirey, 1888, 2, 89.
Delangle. — Sociétés commerciales.

Derecq. — Des sociétés civiles à formes commerciales. Thèse, Paris, 1884.

Dreyfus. — Des sociétés civiles à formes commerciales. Thèse, Paris, 1884.

Drouin. — Condition juridique des sociétés étrangères en France.

Ferrière. — Dictionnaire de droit et de pratique.

Fiore. — Droit international privé.

Fœlix et Démangeat. — Traité de droit international privé.

Fremery. — Etudes de droit commercial.

Fuzier Hermann. — Code civil annoté.

Gierke. — Die Genossenschaftstheorie.

Girard. — Manuel élémentaire de droit romain.

Giorgi. — Persone giuridiche.

Goldschmit. — Handbuch des Handelsrechts.

Goudy. — De la personnalité juridique. Thèse, Paris, 1896.

Gouffre de Lapradelle. — Théorie et pratique des fondations. Thèse, Paris, 1894.

Guillouard. — Traité du contrat de société.

Hauriou. — De la personnalité comme élément de la réalité sociale. *Revue générale du droit, de la législation et de la jurisprudence*, année 1898.

— Leçons sur le mouvement social.

Houpin. — Traité général théorique et pratique des sociétés civiles et commerciales.

Iehring. — Esprit du droit romain (traduit par de Meulenaere).

Labbé. — Note sous Paris, 15 fév., 17 et 29 août 1868, Sirey, 1868, 2, 329.

— Note sous Cass. Req. 21 fév. 1883, Sirey, 1884, 1, 361.

— Examen doctrinal. *Revue critique de lég. et jurispr.*, année 1882, p. 345.

— Article dans le journal *La Loi* du 27 août 1881.

Lacour. — Note sous Paris, 10 juillet 1894, Dalloz, 1895, 2, 105

Laurent. — Principes du droit civil français.

— Droit international privé.

Leven. — Nationalité des sociétés.

Lyon-Caen. — Cours de droit commercial comparé, année 1899-1900.

— De la nationalité des sociétés. *Journal des sociétés civiles et commerciales,* année 1880.

— De la condition légale des sociétés étrangères en France.

— La condition légale des sociétés étrangères en France et en Autriche. *Revue de législation ancienne et moderne,* année 1874.

— Des divers systèmes législatifs concernant la condition légale des sociétés étrangères par actions et des réformes à apporter à la législation française. *Journal de droit international privé,* année 1885.

— Du mouvement législatif concernant les sociétés par actions en France et dans les principaux Etats. *Annales du droit commercial,* année 1888.

— Article dans le journal *La Loi,* n° du 27 avril 1881.

— Note dans Sirey, 1882, 2, 25.

— Note sous Cass., 25 mai 1887, Sirey, 1888, 1, 161.

— Note sous Cass., 2 janvier 1894, Sirey, 1894, 1, 129.

Lyon-Caen et Renault. — Traité de droit commercial.

Locré. — Législation civile et commerciale.

Lot. — Des libéralités aux sociétés civiles et commerciales. Thèse, Paris, 1895.

Massot. — Sociétés civiles à formes commerciales. Thèse, Paris, 1899.

Merlin. — Répertoire de jurisprudence.

Mestre. — Les personnes morales et le problème de leur responsabilité pénale. Thèse, Paris, 1899.

Meynial. — Note sous Cass., 23 février 1891, Sirey, 1892, 1, 73.

— Note sous Cass., 3 mars 1892, Sirey, 1892, 1, 497.

Michoud. — La notion de personnalité morale. Extrait de la *Revue du droit public,* n°s 1 et 2, année 1899.

— Capacité en France des personnes morales étrangères et en particulier du Saint-Siège. *Revue du droit public,* année 1894.

— De la responsabilité de l'Etat. *Revue de droit public,* année 1895.

Mongin. — Etude sur la situation juridique des sociétés dénuées de personnalité. *Revue critique de législation et de jurisprudence,* année 1890.

Naquet. — De la maxime que « nul ne plaide par procureur si ce n'est le roi ». *Revue critique de législation*, année 1875.

Piébourg. — De quelques questions sur les personnes civiles.

Planiol. — Note dans Dalloz, 1893, 2, 513.

Pont. — Traité des sociétés civiles et commerciales.

— Examen doctrinal de jurisprudence à propos de l'arrêt de la Chambre des Requêtes du 21 février 1883. *Revue critique de législation et de jurisprudence*, année 1884.

Pothier. — Traité du contrat de société.

Rocco. — Le società commerciali in rapporto al guiditio civile, Turin, Bocca, 1898.

Saleilles. — Etude sur l'histoire des sociétés en commandite. *Annales de droit commercial*, année 1895 et année 1897.

— Note sur l'acquisition de la personnalité dans le code civil allemand. *Bulletin de la société de législation comparée*, année 1899.

— Le domaine public à Rome et son application en matière artistique. *Nouvelle revue historique*, année 1888.

— Essai d'une théorie générale de l'obligation d'après le projet du code civil allemand.

Savigny. — Traité de droit romain, traduction Guenoux.

Sauzet. — De la capacité de recevoir à titre gratuit des personnes morales.

Thaller. — Traité élémentaire de droit commercial.

— Sur la nationalité des sociétés par actions. *Annales de droit commercial*, année 1890 ; voir aussi *Revue critique de législation et de jurisprudence*, année 1883.

— Les compagnies d'assurance et le gouvernement d'Alsace-Lorraine.

— De la réforme de la loi sur les sociétés par actions.

— Transformation d'une ancienne société civile par actions en société commerciale et caractère des opérations d'une société de ce genre dans le droit actuel. *Annales de droit commercial*, année 1894.

— Note sous le Tribunal civil de la Seine, 9 avril 1886. *Annales de droit commercial*, année 1887.

Thaller. — Note dans Dalloz, 1896, 1, 145.

Thiry. — Les sociétés civiles constituent-elles des personnes juridiques distinctes de celles des associés ? *Revue critique de législation et de jurisprudence*, année 1854.

— Des rapports existants dans les sociétés civiles entre les associés et les tiers. *Revue critique de législation et de jurisprudence*, année 1855.

Troplong. — Contrat de société civile et commerciale.

Van den Heuvel. — De la situation légale des associations sans but lucratif.

Vandernotte. — De l'organisation des sociétés civiles dans leurs rapports avec les tiers. Thèse, Paris, 1898.

— Droits des créanciers d'une société sur les biens sociaux. *Annales de droit commercial*, année 1898.

Vareilles-Somières. — Du contrat d'association.

Vauthier. — Etude sur les personnes morales.

Vavasseur. — Traité des sociétés civiles et commerciales.

— Article dans le journal *La Loi* du 23 janvier 1882.

Vivante. — Un code unique des obligations. *Annales du droit commercial*, année 1893.

Vahl. — Note sous Paris, 10 juillet 1894, Sirey, 1896, 2, 57.

Weiss. — Traité de droit international privé.

Zitelmann. — Begriff und Wessen der sogenannten juristischen Personen.

TABLE DES MATIÈRES

	Pages.
AVANT-PROPOS	I
POSITION DU PROBLÈME	5

CHAPITRE Ier. — **Problème juridique de la personnalité morale**. 16

SECTION Ire. — *Notions historiques sur la personnalité morale*. 16

SECTION II. — *Nature juridique de la personnalité*. . . . 23

    § 1. — Théorie romaniste de la fiction. 23

    § 2. — Théorie de la personnalité réelle 30

        1° Willenstheorie 30

        2° Théorie organique des sociétés. 31

        3° Théorie de M. Hauriou 34

    § 3. — Autres théories sur le fondement juridique de la personnalité morale. 37

        1° Théories de M. Ihering et de M. Labbé. . 37

        2° Système des droits individuels privilégiés . 41

        3° Système des droits sans sujet 44

        4° Système historique du patrimoine d'affectation. 47

    § 4. — Notre théorie : Un essai de conciliation entre l'école romaniste et la nouvelle école de la réalité sociale 50

CHAPITRE II. — **De la Personnalité morale des Sociétés.** 60

SECTION Ire. — *Importance de la personnalité des Sociétés et critérium de leur division en sociétés civiles et en sociétés commerciales* 60

SECTION II. — *De la personnalité des sociétés civiles.* . . . 66

SECTION III. — *De la personnalité des sociétés commerciales.* 86

§ 1. — Origine historique de leur personnalité morale. 86

§ 2. — Histoire des Sociétés commerciales 89

1° La Société en nom collectif. 89
2° La Société en commandite. 92
3° La Société en participation 96
4° La Société anonyme. 98

§ 3. — Le principe de la personnalité des sociétés commerciales est confirmé par les travaux préparatoires et implicitement reconnu par plusieurs dispositions de la loi . . . 99

SECTION IV. — *Condition juridique des Sociétés à formes commerciales ayant un objet civil* 106

a) Sociétés antérieures à la loi de 1893. . . . 106
b) Sociétés postérieures à la loi de 1893. . . 118

CHAPITRE III. — **La simple structure du contrat de société est impuissante à expliquer les conséquences qui dérivent de la personnalité morale** 129

SECTION I. — *Du patrimoine social, son rôle pendant la durée et après la dissolution de la Société.* 129

SECTION II. — *Compensation* 147

§ 1. — Tiers débiteur de la Société et créancier d'un associé 148

§ 2. — Tiers créancier de la Société et débiteur d'un associé 149

Section III. — *Caractère mobilier du droit des associés* . . 153

Section IV. — *Droit d'agir en justice*. 162

CHAPITRE IV. — **L'assimilation entre les personnes morales et les personnes physiques est-elle complète ?**. 169

Section I. — *La Théorie de la capacité des personnes morales et son application aux sociétés* . . . 169

Section II. — *La situation juridique des personnes morales étrangères et spécialement des sociétés étrangères en France* . . . 184

CHARTRES. — IMPRIMERIE GARNIER.

www.ingramcontent.com/pod-product-compliance
Lightning Source LLC
Chambersburg PA
CBHW061956180426
43198CB00036B/1273